全彩图解第 2 版

拉伸运动系统训练

[美] 阿诺德·G. 尼尔森 (Arnold G. Nelson)
尤卡·科科宁 (Jouko Kokkonen)   著

王会寨 杨倩倩   译
周爱国   审校

人民邮电出版社

北京

图书在版编目（CIP）数据

拉伸运动系统训练：全彩图解第2版 / （美）尼尔森
(Nelson, A.G.)，（美）科科宁（Kokkonen, J.）著；王
会寨，杨倩倩 译. — 北京：人民邮电出版社，2016.1
ISBN 978-7-115-40911-9

Ⅰ. ①拉… Ⅱ. ①尼… ②科… ③王… ④杨… Ⅲ.
①健身运动—图解 Ⅳ. ①G883-64

中国版本图书馆CIP数据核字(2015)第300108号

版权声明

免责声明

本书内容旨在为大众提供有用的信息。所有材料（包括文本、图形和图像）仅供参考，不能用于对特定疾病或症状的医疗诊断、建议或治疗。所有读者在针对任何一般性或特定的健康问题开始某项锻炼之前，均应向专业的医疗保健机构或医生进行咨询。作者和出版商都已尽可能确保本书技术上的准确性以及合理性，且并不特别推崇任何治疗方法、方案、建议或本书中的其他信息，并特别声明，不会承担由于使用本出版物中的材料而遭受的任何损伤所直接或间接产生的与个人或团体相关的一切责任、损失或风险。

内 容 提 要

本书由美国运动医学会会员和运动科学教授联合创作，是一本全面而系统的拉伸训练图书，不仅讲解了覆盖身体主要部位的 86 个拉伸动作，还深刻阐述了拉伸运动的解剖学常识，并制定了针对不同身体素质、不同运动水平、不同锻炼目标的拉伸训练计划。

书中的拉伸动作训练都辅以专业的彩色人体解剖图，每个动作都包括训练步骤、好处、变化动作和安全注意事项等专业提示，帮助使用者根据自己的情况合理安排锻炼内容。正确的拉伸动作可以帮助你提高柔韧、耐力和力量，减少肌肉疼痛，改善关节灵活性，甚至控制血糖水平，从而提高生活质量。

◆ 著　　　　[美] 阿诺德·G. 尼尔森（Arnold G. Nelson）
　　　　　　　尤卡·科科宁（Jouko Kokkonen）
　　译　　　　王会寨　杨倩倩
　　审　　校　周爱国
　　责任编辑　李　璇
　　责任印制　周昇亮

◆ 人民邮电出版社出版发行　　　北京市丰台区成寿寺路 11 号
　　邮编　100164　　电子邮件　315@ptpress.com.cn
　　网址　https://www.ptpress.com.cn
　　涿州市般润文化传播有限公司印刷

◆ 开本：700×1000　1/16
　　印张：14　　　　　　　　　　2016 年 1 月第 1 版
　　字数：259 千字　　　　　　　2025 年 9 月河北第 44 次印刷
　　著作权合同登记号　图字：01-2015-4400 号

定价：49.80 元
读者服务热线：(010) 81055296　印装质量热线：(010) 81055316
反盗版热线：(010) 81055315

作者简介

阿诺德 G. 尼尔森（Arnold G. Nelson），哲学博士，路易斯安那州立大学运动科学院教授。作为柔韧性方面的领先研究者，他被认为是有关拉伸对肌肉性能有何影响方面的权威专家之一。尼尔森是美国运动医学会的会员，拥有得克萨斯大学奥斯汀分校肌肉生理学哲学博士学位。他居住在路易斯安那州巴吞鲁日市。

尤卡·科科宁（Jouko Kokkonen），哲学博士，夏威夷杨百翰大学运动科学教授。他教授解剖学、运动机能学、运动生理学和竞技训练已有 20 多年，担任田径教练已有 30 多年。科科宁的研究专注于拉伸的短期和长期影响。他拥有杨百翰大学运动生理学哲学博士学位，现在与妻子露丝安妮（Ruthanne）一起居住在夏威夷 Laie。

目　录

扫描右侧二维码添加企业微信。

1. 回复关键词【40911】即可免费观看真人实拍拉伸动作视频精讲。

2. 加入体育爱好者交流群。

3. 不定期获取更多图书、课程、讲座等知识服务产品信息，以及参与直播互动、在线答疑和与专业导师直接对话的机会。

前　言

柔韧性是身体健康的重要组成部分。不幸的是，柔韧性常常不是许多健康计划的主要关注点。通常，人们给予柔韧性的关注极少。尽管常规锻炼的好处众所周知，但很少有人认识到柔韧的关节和定期拉伸对保持健康和活力也是不可或缺的。例如，拉伸对患有关节炎的人很有帮助。一般情况下，为了减轻疼痛，患关节炎的人常常会选择减少患病关节的活动。减少患病关节的活动可暂时减轻不适感，但却会导致肌肉和韧带变僵。这种缺乏运动的情况可能导致肌肉变短和变紧，导致永久性的活动能力丧失和日常活动受阻。此外，更少的运动意味着燃烧的卡路里更少，更高的体重会给关节带来更大的负担。因此，健康专家建议关节炎患者每天都要拉伸所有主要肌群，对活动范围已变小的关节给予适当的重视。

众所周知，良好的柔韧性会给肌肉和关节带来好处。它可帮助人们防止受伤，最大程度地减少肌肉疼痛，并提高所有身体活动的效率。对于超过 4 天没有参加运动的人尤其如此，无论是休闲性质的高尔夫球运动还是更高强度的周末篮球比赛都是如此。提高柔韧性还可改善生活质量和功能独立性。在每天的生活中长时间不活动（比如坐办公室）的人，可能感觉关节逐渐僵化，以至于很难从习惯性的位置伸直。良好的柔韧性可保持肌肉富有弹性，提供更大的关节内运动范围，从而预防这种情况的出现。良好的柔韧性可以使身体运动和日常活动变得更顺畅和更轻松，比如可以让你更轻松地完成弯腰和系鞋带等简单的日常活动。

拉伸是提高身体柔韧性的主要途径。拉伸也可以预防和减轻肌肉痉挛，尤其是发生在夜间的腿抽筋。夜间腿抽筋有各种原因：运动太多；肌肉使用过度；长时间站在硬地板上；平足；长时间坐着；睡觉时腿位置不对；缺钾、钙或其他矿物质；脱水；使用了抗精神病药、避孕药、利尿剂、抑制素和类固醇等药物；患有糖尿病或甲状腺疾病。无论是什么原因，拥有柔韧的肌肉会让发生痉挛的可能性变小，而且拉伸有助于立刻减轻痉挛。有趣的是，目前的研究表明，患有 II 型糖尿病或患病风险很高的人做 30 到 40 分钟的拉伸运动有助于控制血糖水平。因此，每天拉伸的好处是显而易见的。

正常人每天应做多少次拉伸运动？大部分人可能完全忽略了这项重要的健康训练。一般人可能每天只会完成一套非常短的拉伸动作，而且主要注重下身的肌群。事实上，最好的建议是拉伸任何特定的肌群时间要达到或超过 15 秒。这样下来，一套拉伸运动所花的总时间也不会不超过 5 分钟。运动员花在拉伸上的时间可能仅比普通人稍微多一点。通常，拉伸只是运动员热身运动的一部分。然而在锻炼之后，大部分运动员根本不做拉伸运动。拉伸运动可在锻炼前的热身运动中做，也可在锻炼后的放松运动中做，不过拉伸作为热身运动的一部分存在争议。在运动前做拉伸可能给运动员的表现带来负面后果，拉伸超过 30 秒时这些负面后果最明显。因此，建议在热身时做短时间的拉伸或快速放松，为了永久提高柔韧性而做的拉伸动作应锻炼后的放松运动中完成。

拉伸的解剖生理学

肌肉是复杂的组织，如肱二头肌，它们由神经、血管、肌腱、筋膜和肌细胞组成。神经细胞（神经元）和肌肉细胞携带有电荷。静息电荷或静息膜电位带负电，一般为 70 毫伏左右。神经元和肌肉细胞通过更改其电荷来实现激活。电信号无法在细胞之间跳跃，所以神经元通过释放名为神经递质的特殊化学物质来与其他神经元和肌肉细胞通信。神经递质让带正电的钠离子进入细胞，将静息膜电位变为正电。一旦静息膜电位达到一个阈值电位（一般为 62 毫伏），细胞就会变得兴奋或活跃。已激活的神经元释放其他神经递质来激活其他神经，导致已激活的肌肉细胞收缩。

除了通过调整膜电位来导致兴奋，还可以调整它来实现助长或抑制效果。静息膜电位提升到比正常水平稍高，但低于阈值电位时，就会发生助长效果。助长会使所释放的后续神经递质增加，从而更可能导致电位超过阈值。这会增加神经元触发和激活目标的几率。静息膜电位下降到低于正常电位时就会发生抑制，进而降低达到阈值的可能性。通常这会阻止神经元激活其目标。

为了发挥作用，肌肉被细分为多个运动单位。运动单位是肌肉的基本功能单位。一个运动单位包含一个运动（肌肉）神经元和它连接到的所有肌肉细胞（最少 4 个，最多超过 200 个）。然后运动单位被细分为各个肌肉细胞。一个肌肉细胞有时称为一条纤维。肌肉纤维是一束肌原纤维，为棒状结构，这些肌原纤维被一个称为肌质网或 SR 的管状网络所包围。肌原纤维由一系列称为肌节的重复性结构组成。肌节是肌肉的基本功能性收缩单位。

肌节的 3 个基本部分是粗肌丝、细肌丝和 Z 线。一个肌节定义为两个相邻 Z 线之间的部分。细肌丝附着在 Z 线的两端，从 Z 线伸出不到肌节总长度的一半。粗肌丝固定在肌节中间。一个粗肌丝的每端包围着 6 个螺旋形排列的细肌丝。在肌肉收缩（向心、离心或等长收缩）期间，粗肌丝控制细肌丝滑过粗肌丝的长度和方向。在向心收缩过程中，细肌丝彼此相对滑动。在离心收缩过程中，粗肌丝试图阻止细肌丝滑离。对于等长收缩，肌丝不会移动。对于所有收缩形式，首先都会从 SR 中释放钙离子，而只有在肌肉细胞的静息膜电位超过阈值电位时才会释放钙离子。SR 中的钙离子恢复时，就会发生肌肉放松和停止收缩。

肌节的最初长度是肌肉功能的一个重要因素。每个肌节产生的力量受肌节长度的影响，其模式类似于颠倒的字母 U。因此，在肌节长度较长或较短时产生力量。肌节伸长时，只有粗肌丝和细肌丝的尖端可彼此接触，这减少了两个肌丝之间可产生力的连接的数量。肌节缩短时，细肌丝开始彼此重叠，这种重叠也会减少产生正向力的连接数量。

肌节长度由本体感受器所控制，或者由肌肉器官（尤其是四肢肌肉）中包含的专门结构所控制。本体感受器是专门的传感器，它们提供关节角度、肌肉长度和肌张力信息。有关肌肉长度变化的信息由名为肌梭的本体感受器提供，肌梭与肌肉细胞平行。高尔基腱器官（GTO）是另一类本体感受器，它们与肌肉细胞相连。GTO 提供肌张力变化信息，可间接地影响肌肉的长度。肌梭有一个快速动力性分量和一个慢速静力性分量，它们提供长度变化量和变化速率。快速的长度变化可引起牵张反射或肌伸张反射，导致已拉伸的肌肉收缩，从而尝试抵抗变化。较慢的拉伸允许肌梭放松并适应更长的新长度。

肌肉收缩时，它在腱和 GTO 中产生张力。GTO 记录张力的变化和变化速率。当此张力超出某个阈值时，它通过脊髓连接来触发拉长反应，以抑制肌肉收缩并导致它们放松。肌肉收缩也可引起拮抗肌的相互抑制或放松。例如，肱二头肌的硬收缩可能引起肱三头肌内的收缩。

人的身体会以不同的方式适应急性拉伸（或短期拉伸）和慢性拉伸（或在一星期为多次进行的拉伸）。目前的大多数研究都表明，急性拉伸导致关节运动范围明显增加时，人们可能感受到运动神经的抑制，以及肌节的过度拉长或肌腱的长度和柔度增加。无人能确定这些变化的程度，但似乎肌肉形状和细胞排列，肌肉长度和对运动的贡献，以及末梢和邻近肌腱的长度都发挥着作用。尽管如此，这些短暂的变化可表现为最大长度、体力和耐力降低。另一方面，研究还表明，每星期用三四天定期重度拉伸至少 10 到 15 分钟（慢性拉伸），会导致力量、体力和耐力增加，柔韧性和灵活性也会得到改善。动物实验暗示，这些好处在一定程度上得益于串联的肌节数量的增加。

同样，对拉伸的损伤预防作用的研究也发现急性拉伸与慢性拉伸之间是有区别的。尽管急性拉伸可帮助高度绷紧的人减少肌肉拉伤的发生，但普通人似乎从急性拉伸中获得的损伤预防作用极小。天生更为柔韧的人更不容易在运动中受伤，每星期重度拉伸三四天可提高固有的柔韧性。由于急性拉伸与慢性拉伸之间的这些区别，许多运动专家现在鼓励人们主要在锻炼结束后做拉伸运动。

拉伸类型

本书讲的拉伸可通过各种方式来完成。大多数人更喜欢独自做拉伸运动，但也可在其他人的帮助下完成。没有人帮助的拉伸称为主动拉伸，在其他人的帮助下完成的拉伸称为被动拉伸。

有 4 种主要的拉伸类型：静力性拉伸、弹震式拉伸、本体感觉神经肌肉促进（PNF）拉伸和动态拉伸。

静力性拉伸最常见。在静力性拉伸中，通过保持拉伸一定的时间来拉伸一块特定的肌肉或一个肌群。

弹震式拉伸涉及到弹跳运动，不涉及保持拉伸时间。因为弹震式拉伸可激活牵张反射，所以许多人推断弹震式拉伸更可能导致肌肉或肌腱损伤，尤其是在最紧绷的肌肉中。但是，这种断言纯属推测，目前没有任何已发布的研究报告支持弹震式拉伸会导致受伤的断言。

本体感觉神经肌肉促进（PNF）拉伸是一种拉伸技巧，它通过在关节的运动范围内拉伸已收缩的肌肉，尝试更充分地吸收本体感受器的动作。在整个运动范围内拉伸后，肌肉放松并静息，直到再次被拉伸。这种拉伸类型最好在其他人的帮助下完成。

动态拉伸是一种更加功能性的拉伸，它使用特定的运动方式在比平常更大的运动范围内活动四肢。动态拉伸的一般特征包括摇摆、跳跃或夸张的运动，让运动的动量带动四肢达到或超过正常的运动范围极限，并激活本体感受器的反射响应。对本体感受器的适当激活可以助长激活肌肉细胞的神经。这种助长使神经能够更快地被激发，进而使肌肉能进行快速且更有力的收缩。因为动态拉伸可提高肌肉温度和本体感受器的活性，所以人们发现动态拉伸对改善运动员的表现有好处。要注意不应将动态拉伸与弹震式拉伸混淆。尽管二者都涉及重复运动，但弹震式运动是快速的弹跳运动，涉及接近运动范围一端的小范围运动。

拉伸计划的好处

通过执行定期拉伸计划，可获得多种慢性训练的好处（参见第 9 章，了解具体的计划）：

- 改善柔韧性、活力（肌肉耐力）和肌肉力量（获益程度取决于在肌肉上施加多大压力；第9章将介绍如何实现此目标）
- 减少肌肉疼痛
- 改善肌肉和关节的灵活性
- 更高效的肌肉运动和运动流畅性
- 能通过更大的运动范围发挥最大力量
- 预防一些下肢问题
- 改善外貌和自我形象
- 改善体形和身姿
- 在运动中执行更有效的热身和舒缓运动
- 改善血糖的保持能力

适合运动员的静力性和动态拉伸

许多运动员在其训练计划中会进行静力性和动态拉伸运动。静力性拉伸能改善某些肌肉–关节区域的柔韧性。这种拉伸类型是改善柔韧性的最常见的方法。在静力性拉伸中，需要保持拉伸一块特定的肌肉或肌群一定的时间。

一些运动员更喜欢做动态拉伸，尤其是在热身运动或比赛的准备活动中。动态拉伸可刺激本体感受器（拉伸感受器），通过向拉伸的肌肉发送反馈，从而在快速弹跳运动后收缩，刺激它们激进地响应。因为一些体育活动（比如爆发性的短时间运动）可能增强对这种本体感受性激活的刺激，所以动态拉伸能让运动员更好地为爆发性运动做好准备。要完成运动项目中的某个目标，运动员需要进行动力性拉伸。例如，如果运动员做两次快速下蹲运动，弯曲和伸展髋部和膝盖，他就可能跳得更远和更高。

如何使用本书

本书前7章重点介绍身体主要关节区域的拉伸，从颈部一直到双足和小腿。每一章包含多种拉伸，它们针对的是移动身体每一部分的关节所牵连的肌肉。针对可能最僵硬的肌肉的运动包括一些渐进的拉伸，以便让肌肉僵硬的人（初学者）在尝试拉伸时不会给关节带来太大的压力并导致肌肉、韧带和肌腱损伤。柔韧性增加后，即可进阶到下一个级别。

第8章包含9种动态拉伸，涉及所有主要关节区域。第9章包含适合从初级一直到高级学习者的建议拉伸计划，以及一个降低血糖的计划。此外，第9章还包含了针对特定体育运动的拉伸套路。如果你对某一项特定运动感兴趣，这些表格将为你给出在训练中要使用的拉伸活动，确保你锻炼了该运动中使用的最重要的肌群。

　　每种拉伸的名称表明了被拉伸肌肉的主要运动。因此，你应记住要拉伸一块特定的肌肉，拉伸必须涉及一种或多种与目标肌肉运动方向相反的运动。书中的插图描绘了每种拉伸使用的体位，以及拉伸的肌肉。拉伸最大的肌肉用深红色表示（参见图例），拉伸较小的任何邻近肌肉用浅红色表示。

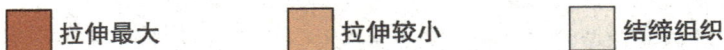

　　　　　　　■ 拉伸最大　　　　　■ 拉伸较小　　　　　□ 结缔组织

　　除了插图，每种拉伸还包含 3 节内容：

- "拉伸步骤"节提供了执行拉伸活动的逐步操作说明
- "拉伸的肌肉"节提供了所拉伸肌肉的名称
- "拉伸说明"节具体解释了拉伸的操作方法和原因，以及安全注意事项

第 1 章

颈部

7 节颈椎连同关联的肌肉和韧带，构成了灵活的颈部结构。椎骨、肌肉和韧带协同支撑和移动头部。第一、二节颈椎具有独特的形状，分别称为寰椎和枢椎。寰椎是一个支撑颅骨的骨环。枢椎具有一个朝上的钉状突出，叫作齿突，为寰椎提供了一个转动的枢轴。枢椎和其他 5 节颈椎有一个朝后的骨隆突或棘突，它附着在大而粗的项韧带上。连接这些椎体（椭圆形骨骼）的是前后的韧带，以及将每个棘突和横突（横向的骨隆突）连接到邻近椎骨相应部分的其他韧带。此外，每个椎骨由一个椎间盘分开。通过压迫椎间盘上的椎骨，颈部可向前、向后和向侧方移动。

颈部肌肉位于两个称为颈前三角和颈后三角的三角区域中。颈前三角的边缘是下颌骨（颚骨）、胸骨和胸锁乳突肌。主要的颈前肌肉包括胸锁乳突肌和斜角肌（图 1.1a）。颈后三角的边缘是锁骨、胸锁乳突肌和斜方肌。主要的颈后肌肉（图 1.1b）包括斜方肌、头最长肌、头半棘肌和头夹肌。

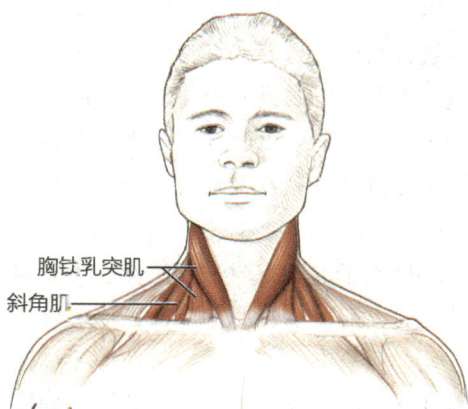

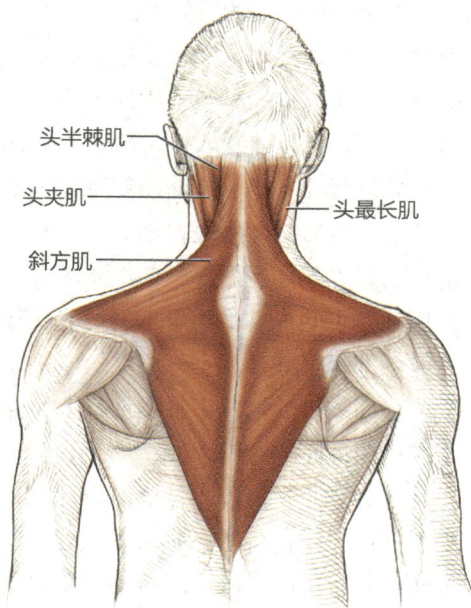

头半棘肌

头夹肌 —— 头最长肌

斜方肌

胸锁乳突肌

斜角肌

（a）

（b）

图 1.1 颈部肌肉：(a) 颈前；(b) 颈后

　　头部运动包括前屈（头前倾）、后伸（头后倾）、横向屈伸（头左右倾斜）和旋转。因为颈部肌肉是左右成对的，所以横向屈伸会牵连所有颈部肌肉。例如，右胸锁乳突肌有助于执行右侧屈，左胸锁乳突肌有助于执行右侧伸。颈部的前屈不仅受颈后肌肉僵硬度的限制，还受颈后韧带的僵硬度、屈肌的力量、椎体与邻近椎骨的组合、椎间盘前部的可压迫性，以及下巴与胸的接触等限制。类似地，颈部后伸不仅受颈后肌肉僵硬度的控制，还受颈后韧带的僵硬度、颈后肌肉的力量、椎体与邻近椎骨的组合及椎间盘后部的可压迫性控制。最后，除了对侧肌肉和肌腱的僵硬度，颈部的侧向运动还受每节椎骨的横突对邻近横突的撞击的控制。

　　人们在拉伸时很少想到颈部肌肉。或许只有在你发现患有斜颈时，才会注意到颈部的柔韧性问题。斜颈常常与睡在陌生的位置（比如长途飞行）或在桌旁坐太久有关，但它也可能由几乎任何类型的身体活动所引起。在任何必须长期保持稳定的头部位置的活动中，更容易出现此问题。在头部位置很重要的运动中，比如高尔夫球运动，或者在快速运动头部对跟踪物体的飞行很重要时，比如使用球拍的运动，斜颈还可能带来负面影响。较差的颈部柔韧性通常是由长时间保持相同头部位置所导致的。此外，疲劳的颈部肌肉可能在运动后变僵。本章中的运动可帮助你避免颈部在运动、保持不常见姿势或在不合适的位置睡眠后变得僵硬。

　　因为颈部扭转牵连到颈部的所有主要肌肉，所以拉伸颈部肌肉很容易。选择某种颈部拉伸运动的首要考虑因素应该是，弯曲或伸展后肌肉是否会变得更僵硬。因此，前两组运动重点关注这些具体动作。通过单纯的弯曲或伸展获得更高的柔韧性后，可添加一种包含横向运动的拉伸。换句话说，要提高颈伸肌的柔韧性，首先从颈伸肌拉伸开始，在柔韧性增加后，再添加颈伸肌和旋转拉伸。

　　如果操作不当，拉伸颈部可能很危险。颈部的一些拉伸会使用一种所谓的犁式体位，将后脑部横放在地面上，躯干几乎垂直。此体位可能在弯曲点造成很大的压力，尤其是对颈部柔韧性差的人而言。这种高压力可能损害椎骨，也可能严重压迫前椎间盘。椎间盘压迫可能导致脊髓突出和压迫，进而损害脊髓。此外，拉伸颈部时，必须注意不要突然或快速地用力。突然用力可能导致颈椎过度屈伸损伤；在最糟的情况下，颈椎过度屈伸损伤可能割断椎动脉，将齿突压迫进大脑延髓中，进而导致死亡。

　　还要注意，过度拉伸或做非常困难的拉伸弊大于利。有时过度拉伸会使肌肉变得僵硬。拉伸可减小肌张力，而在张力减小时，身体会让肌肉更加紧绷来进行补偿。对于每次进阶，从最不僵硬的位置开始，只有在拉伸几天后，在练习过程中始终未感觉到僵硬时才能进阶。这意味着你应同时拉伸主动肌（导致运动的肌肉）和拮抗肌（对抗运动或进行反向运动的肌肉）。尽管你可能只是一个方向上（左或右）的肌肉更加僵硬，但还是需要同时拉伸两侧，以保持适当的肌肉平衡。

　　本章中的拉伸是很好的整体拉伸；但是，并非所有这些拉伸都完全满足每个人的需要。要拉伸特定的肌肉，拉伸运动必须涉及与目标肌肉的运动方向相反的一种或多种运动。例如，如果想要拉伸左侧斜角肌，可向后和向左伸展头部。肌肉的僵硬度较高时，应使用更少的同时反向运动。例如，最初仅执行左侧伸展，拉伸一条非常紧的右侧斜角肌。随着肌肉变松，可进行更多的同时反向运动。

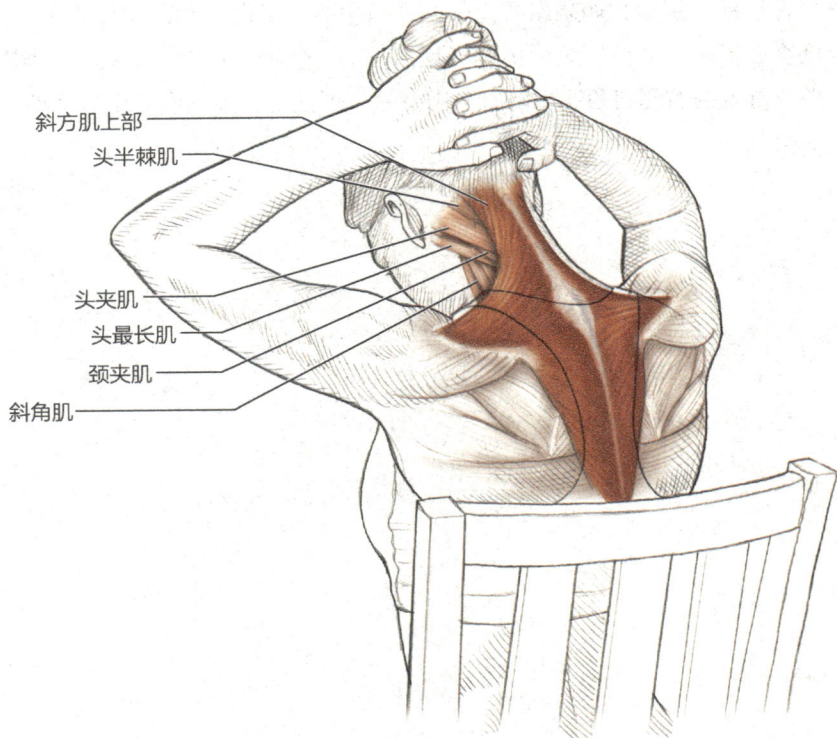

斜方肌上部
头半棘肌
头夹肌
头最长肌
颈夹肌
斜角肌

颈部

拉伸步骤

1. 舒适地坐着，背部伸直。
2. 双手交叉置于脑后靠近顶部的位置。
3. 轻轻向下牵拉头部，尝试让下巴接触到胸部。

拉伸的肌肉

拉伸最大的肌肉： 斜方肌上部

拉伸较小的肌肉： 头最长肌、头半棘肌、头夹肌、颈夹肌、斜角肌

拉伸说明

可坐着或站着进行此项拉伸运动。坐着适合更大幅度的拉伸。站着会降低拉伸能力，因为反射会阻止你失去平衡。因此，我们推荐坐着进行此项拉伸运动。拉伸期间，确保不要拱起肩膀来减少拉伸量；同时保持颈部尽可能直（没有弯曲）；尝试让下巴接触到胸部尽可能低的位置。

人们紧张时常常会耸肩。经常耸肩会使颈后肌肉无法放松。这会导致这些肌肉变得紧绷，加剧疼痛和疲劳，导致耸肩更严重。此外，在发生颈部损伤或颈椎过度屈伸损伤后，这些肌肉也可能变得紧绷。进行此拉伸运动可减轻疼痛和放松肌肉，进而大大减少耸肩。另外，颈伸肌必须保持放松，才能保持恰当的姿势，而保持恰当的姿势有助于减少肌肉劳损和紧绷。

颈部

颈伸肌和旋转拉伸

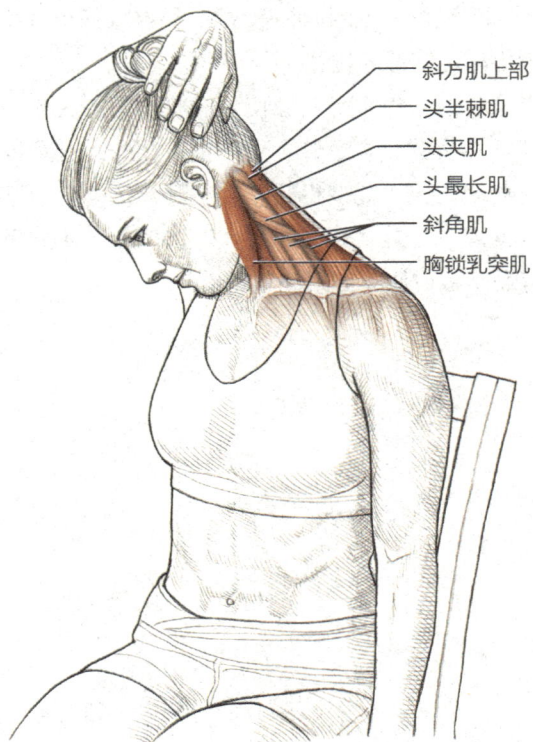

斜方肌上部
头半棘肌
头夹肌
头最长肌
斜角肌
胸锁乳突肌

拉伸步骤

1. 舒适地坐着，背部伸直。
2. 将右手放在脑后靠近头顶的位置。
3. 向下和向右牵拉头部，使其朝向右肩。让下巴离右肩尽可能近。
4. 在另一侧重复此拉伸。

拉伸的肌肉

拉伸最大的肌肉：斜方肌上部、左侧胸锁乳突肌

拉伸较小的肌肉：头最长肌、头半棘肌、头夹肌、斜角肌

拉伸说明

颈伸肌变柔韧后，即可从同时拉伸颈部两侧进阶到单独拉伸左侧和右侧。一次拉伸一侧，可以更大幅度地拉伸肌肉。颈部的一侧常常比另一侧更僵硬。如果始终侧向一边睡觉，或者坐在桌旁而不向前看，不断地向左或向右看，常常会发生这种情况。

同时拉伸颈部两侧时，最僵硬的肌肉会决定可执行的拉伸量。因此，如果一侧更柔韧，这一侧可能不会获得足够的拉伸。通过单独拉伸每侧，可将更多的精力放在更僵硬的一侧。

可坐着或站着进行此项拉伸运动。尽管坐着可获得更好的拉伸，但你可选择感觉最合适的体位。

颈部

颈屈肌拉伸

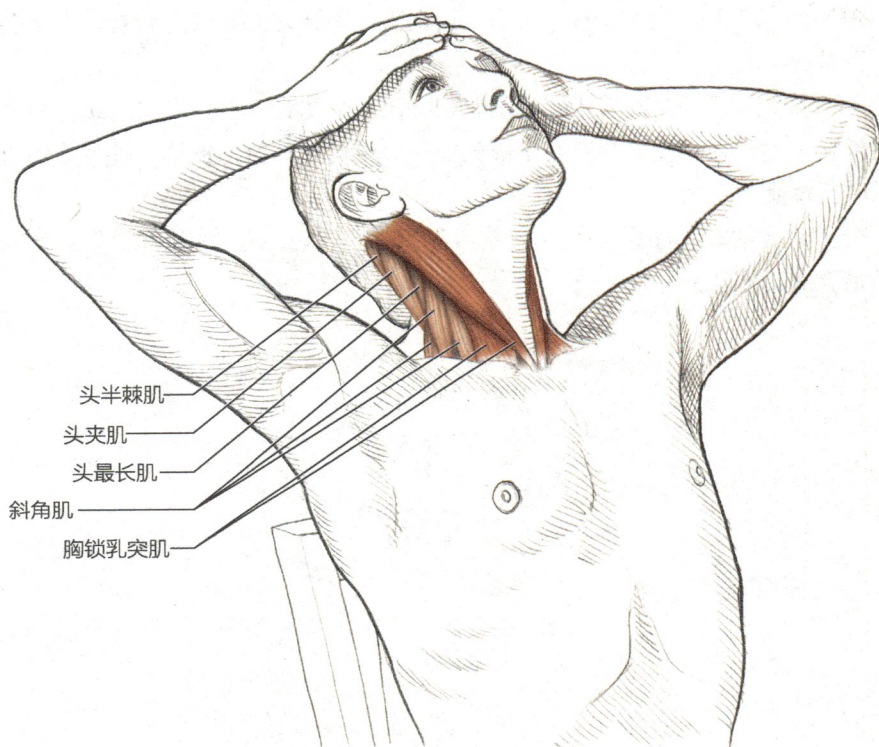

头半棘肌

头夹肌

头最长肌

斜角肌

胸锁乳突肌

拉伸步骤

1. 舒适地坐着，背部伸直。
2. 双手交叉，将手掌置于前额上。
3. 向后牵拉头部，使鼻子朝上。

拉伸的肌肉

拉伸最大的肌肉：胸锁乳突肌

拉伸较小的肌肉：头最长肌、头半棘肌、头夹肌、斜角肌

拉伸说明

可坐着或站着进行此项拉伸运动。坐着时可执行更大幅度的拉伸。站着会降低拉伸能力，因为反射会阻止你失去平衡。因此，我们推荐坐着进行此项拉伸运动。拉伸期间，确保不要拱起肩膀来减少拉伸量；还要尝试让下巴尽可能靠后。

人们紧张时，常常会用力呼吸且保持肩膀抬高。这可能导致前颈肌肉疼痛和紧张。进行此项拉伸运动可暂时缓解这些情况。另外，颈屈肌必须保持放松，以保持正确的姿势。如果让这些肌肉紧张，最终可能发生被称为秃鹰脖子（vulture neck）的变形，头部位置看起来像秃鹰伸出的头一样。要想保持正确的姿势，应一星期做几次此项拉伸运动。

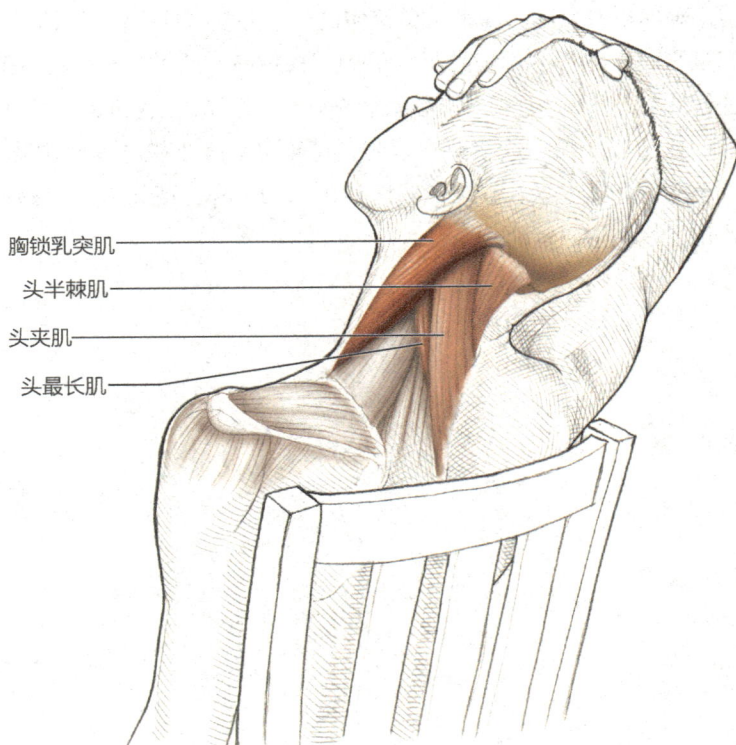

胸锁乳突肌
头半棘肌
头夹肌
头最长肌

拉伸步骤

1. 舒适地坐着，背部伸直。
2. 将右手置于前额上。
3. 向后和向右牵拉头部，使头朝向肩膀。
4. 在左侧重复此拉伸。

拉伸的肌肉

拉伸最大的肌肉：胸锁乳突肌

拉伸较小的肌肉：头最长肌、头半棘肌、头夹肌

拉伸说明

颈屈肌变柔韧后，即可从同时拉伸颈部两侧进阶到单独拉伸左侧和右侧。一次拉伸一侧，可以更大幅度地拉伸肌肉。这对弯腰驼背、头主要偏向一侧的人尤为重要。

同时拉伸颈部两侧时，最僵硬的肌肉会决定可执行的拉伸量。因此，更柔韧的一侧可能不会获得足够的拉伸。通过单独拉伸每侧，可将更多的精力放在更僵硬的一侧。

可坐着或站着进行此项拉伸运动。尽管坐着可获得更好的拉伸，但你可选择感觉最合适的体位。

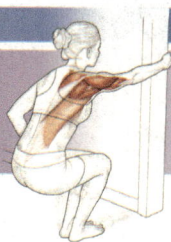

第 2 章

肩、背和胸

肩上涉及 5 项主要的运动：（1）屈伸运动，（2）外展和内收，（3）外旋转和内旋转，（4）缩回和伸长，以及（5）上提和下降。肩关节的骨头由肱骨（上臂骨）、肩胛骨和锁骨组成。肩胛骨和锁骨位于胸腔顶部。因此，许多上背部和肩部肌肉的一个主要作用就是，将上背部中的肩胛骨和上胸腔中的锁骨附着在胸腔和脊柱上。这为手臂和肩部运动提供了一个稳定的平台。在 5 项运动中，缩回和伸长、上提和下降通常归为稳定动作。

移动和稳定肩部骨头所涉及的大部分肌肉都位于背后。肩胛骨比锁骨大得多，拥有附着更多肌肉的空间。背后的（背部）肌肉（图 2.1）包括冈下肌、背阔肌、肩胛提肌、菱形肌、冈下肌、冈上肌、大圆肌、小圆肌和斜方肌（附着在胸腔上后部、椎骨和肩胛骨上），以及三角肌（图 2.2）和肱三头肌（附着在肩胛骨和肱骨上；参阅第 3 章）。前面的肌肉（图 2.3）包括胸大肌（附着在锁骨、前胸腔和肱骨上）、胸小肌、肩胛下肌、前锯肌（附着在前胸腔和前肩胛骨上）、肱二头肌、喙肱肌和三角肌（附着在前肩胛骨和肱骨上）。

肩关节或盂肱关节是一种球窝式关节，由肱骨头和关节窝组成，关节窝是一个形成肱骨头槽的较浅的肩胛盂。这个关节不但是身体上活动最自由的关节，也是最不牢固的关节。肱骨的向上运动会受到锁骨和肩胛骨的肩峰和喙突，以及盂肱韧带和肩袖的阻止。肱骨的向下、向前和向后运动会受到肱骨头在盂唇中的位置的限制，盂唇是一个环状纤维软骨带，围绕在关节窝边缘来增加其凹度。肱骨由多条韧带和肌腱沿盂唇来固定，这些韧带和肌腱一起形成了肩袖。

斜方肌

冈下肌
小圆肌
大圆肌

大菱形肌

竖脊肌

背阔肌

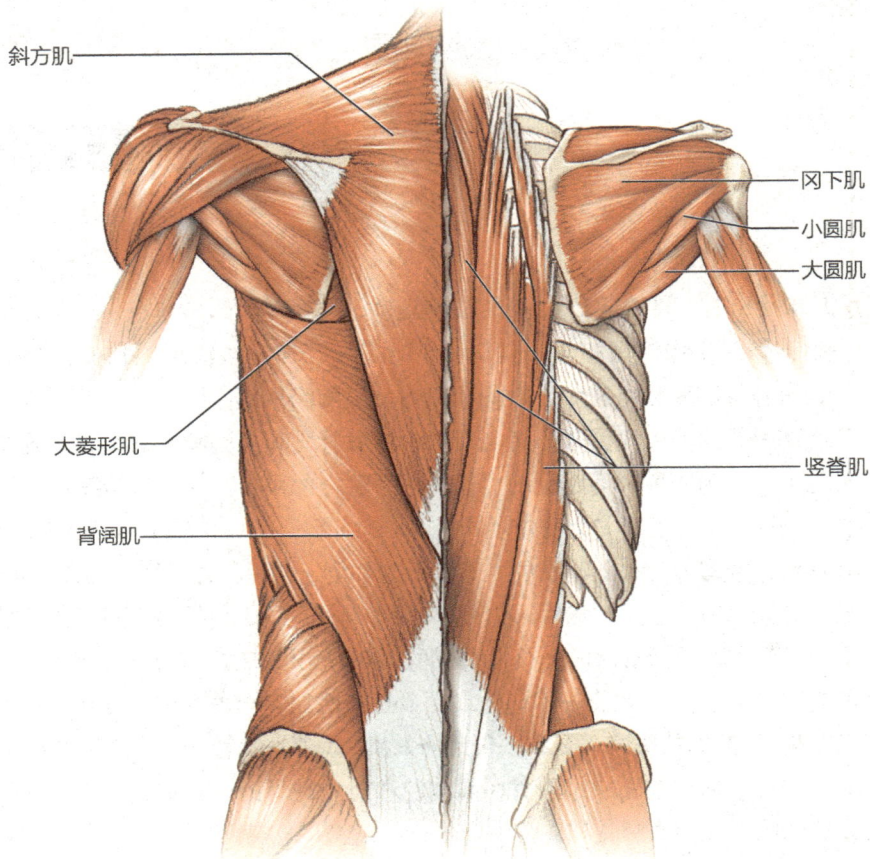

图 2.1 背部肌肉

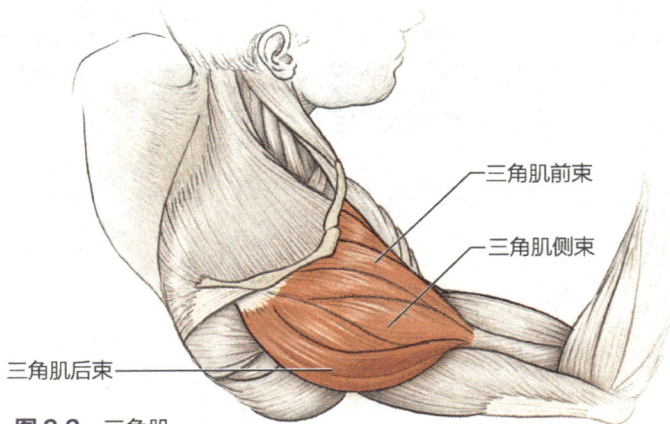

三角肌前束

三角肌侧束

三角肌后束

图 2.2 三角肌

胸大肌

胸小肌

前锯肌

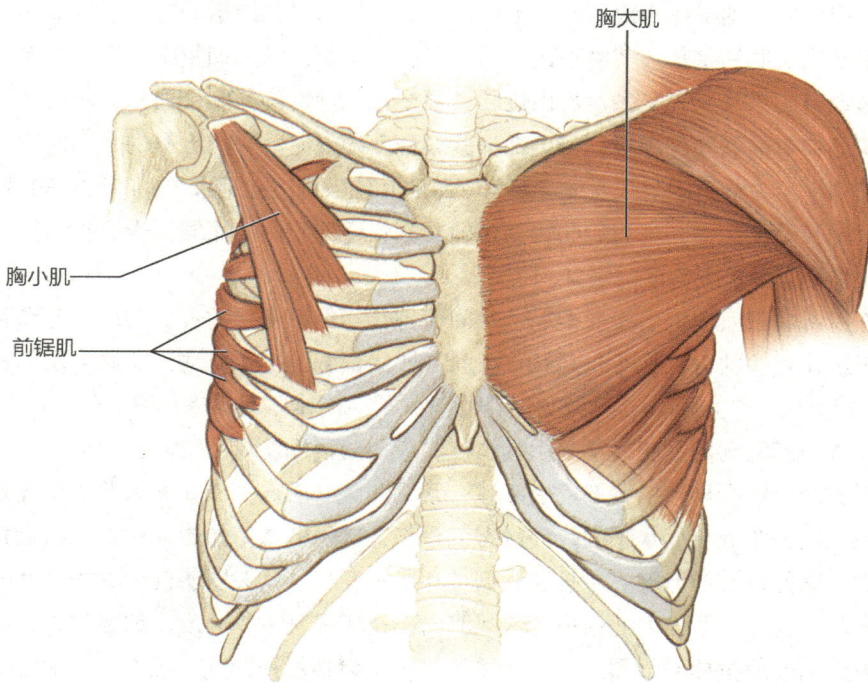

图 2.3 胸部肌肉

　　整个肱骨头和关节窝都被关节囊包裹着。关节囊是一组韧带，主要的韧带包括前和后胸锁、肋锁和锁间韧带，它们帮助将锁骨与胸腔相连。喙肱、盂肱、喙锁、肩锁和喙肩韧带帮助将肱骨、肩胛骨和锁骨相互连接起来。提供肩袖稳定性的主要肌肉和肌腱包括冈下肌、肩胛下肌、冈上肌和小圆肌。因为这些肌肉的附着位置更靠上（位于肩上），所以大部分脱臼都发生在下方（肩下）。

因为肩部肌肉是肩部稳定性的主要决定因素，所以所有 5 项运动（例如屈伸）中的肩部柔韧性（一个特定方向上可能的运动幅度）受到肌肉力量和运动中涉及的拮抗肌的伸展能力的限制。肩外展（远离身体中线）范围既受到肩部和关节囊中韧带柔韧性的限制，还受到肱骨与肩峰和关节窝上边缘撞击（或肩部撞击）的限制。肩内收（朝身体中线移动）范围还受到手臂与身躯撞击的限制。肩前屈动作范围受到喙肱韧带和关节囊下部的紧绷程度的限制。喙肱韧带柔韧性会影响肩外展运动范围以及肩部撞击。肩内旋转受囊韧带柔韧性的限制，而外旋转运动范围受喙肱韧带的僵硬度和囊韧带上部的紧绷程度的限制。影响上提的其他因素包括肋锁韧带沿关节囊的紧张程度。影响下压的其他限制还包括锁骨间和胸锁韧带。最后，伸长受前胸锁韧带和后肋锁韧带的紧绷程度的限制，而缩回受后胸锁韧带和前肋锁韧带的紧绷程度的限制。

在所有肩部肌肉的力量和柔韧性之间保持恰当的平衡很重要。与肩、背和胸部肌肉组织相关的常见抱怨包括颈部（斜方肌中部和上部）、肩部（斜方肌、三角肌、冈上肌）和上背部（菱形肌和肩胛提肌）的肌肉紧张和肌肉痉挛。有趣的是，这些肌肉中感觉到的紧绷通常是由其拮抗肌最初的紧绷所导致的。换句话说，上胸部紧绷的肌肉会导致上背部的紧绷感。紧绷的胸部肌肉（例如胸大肌）会导致上背部肌肉经常处于低水平的拉伸状态。最终，这种低水平的拉伸拉长了与上背部肌肉关联的韧带和肌腱。一旦这些韧带和肌腱变长，其关联肌肉中的张力就会显著减弱。为了回收损失的张力，这些肌肉必须增强其收缩力度。增强的力进而导致更大幅度地拉伸韧带和肌腱，增强的肌肉收缩必须补偿这一损失。因此就出现了一种恶性循环。

预防或阻止此循环的最佳方式是拉伸前肩和胸部肌肉。随着这些肌肉的柔韧性增加，后部肌肉的紧绷程度就会减轻。拉伸之后，这些肌肉的力量立刻就会消失。在锻炼任何肌群之前和之后立即拉伸其拮抗肌，是个不错的想法。如果每星期做此运动三次以上，会切实增加这些肌肉的柔韧性和力量。拉伸还会减少任何肌群绷紧的频率。而且，如果没有正确地平衡肩部肌肉的力量与柔韧性，可能会发生肩部撞击。因为肱骨与肩胛突出之间的间隙很窄，所以任何进一步缩小此空间的东西（例如紧绷的肌肉）都可能导致撞击，从而出现疼痛、虚弱和运动能力丧失。

本章中的许多操作说明和插图都针对的是身体左侧。身体右侧可采用类似但相反的过程。本章中的拉伸是很好的整体拉伸，但一些人可能需要额外的拉伸。请记住拉伸特定的肌肉，而且拉伸必须涉及与目标肌肉的运动方向相反的一种或多种运动。例如，如果想要拉伸前锯肌，可做一种涉及肩部下降、肩部缩回和肩部内收的运动。任何肌肉的僵硬度比较高时，很少使用同时反向运动。例如，要拉伸一条绷得很紧的胸大肌，可首先做胸部伸展和外旋转；随着肌肉变松，才能进行更多的同时反向运动。

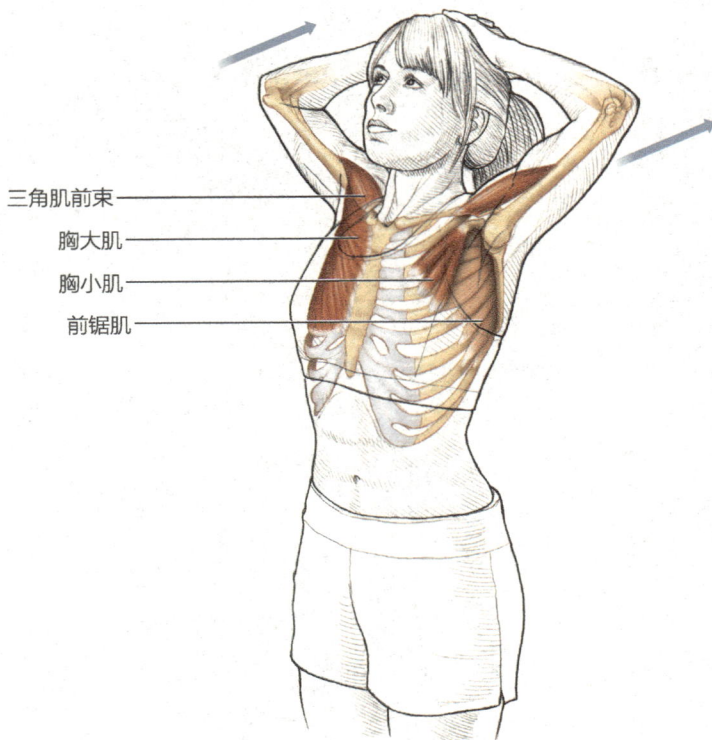

三角肌前束
胸大肌
胸小肌
前锯肌

拉伸步骤

1. 站立，十指交叉。

2. 将双手置于头顶。

3. 收缩背部肌肉，向后牵拉双肘，让双肘彼此靠近。

拉伸的肌肉

拉伸最大的肌肉： 胸大肌、胸小肌、三角肌前束

拉伸较小的肌肉： 前锯肌

拉伸说明

不当的姿势是肩部紧绷的主要原因。人们弓着背或手臂前伸时，常常会出现不当的姿势。肩部紧绷常常伴随着颈伸肌紧绷。当两个肌群都紧绷时，会增加发展成秃鹰脖子的几率并导致呼吸问题。导致肩部撞击、肩部黏液囊炎、肩袖肌腱炎或冰冻肩的损伤（无论是急性的还是由于过度使用所导致的），也可能导致肩屈肌紧绷。

任何这些情况恶化时，很难没有痛苦地拉伸屈肌。此拉伸运动对肌肉组织施加的拉伸压力较小，因此容易忍受。如果做此运动时感觉拉伸不够，最好进阶到其他的肩屈肌拉伸运动。

肩、背和胸

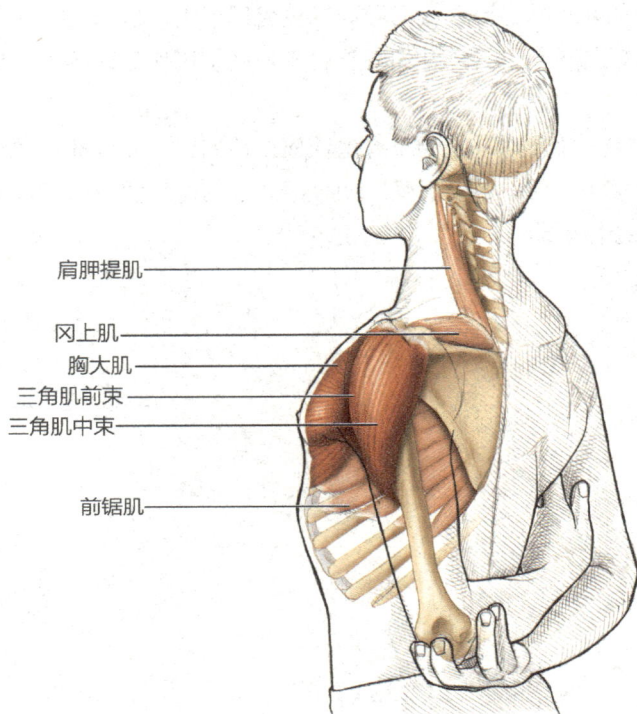

肩、背和胸

肩胛提肌

冈上肌
胸大肌
三角肌前束
三角肌中束

前锯肌

拉抻步骤

1. 站立或坐在无靠背的椅子上，左臂放在背后，肘部弯曲约90°。

2. 双脚与肩同宽，足尖朝前。

3. 依据你的柔韧性，用右手抓住左肘、前臂或手腕。

4. 将左上臂穿过背部而朝右肩牵拉。

5. 对另一只手臂重复此拉伸。

拉伸的肌肉

拉伸最大的肌肉：胸大肌、三角肌前束、三角肌中束

拉伸较小的肌肉：肩胛提肌、胸小肌、冈上肌、前锯肌、喙肱肌

拉伸说明

　　此拉伸对克服姿势不当所导致的秃鹰脖子或圆肩、驼背等很有用。它还有助于减轻与肩部撞击、肩黏液囊炎、肩袖肌腱炎和冰冻肩相关的疼痛。此练习具有比初级肩屈肌拉伸更好的拉伸效果，但最好在完成初级练习并发现进行任何初级拉伸都很难达到拉伸效果之后，再开始进行此项拉伸运动。

　　如果无法抓住肘部，可抓住手腕。牵拉手腕时，很容易将手臂拉向背部的另一侧，但请记住既向上拉，又向另一侧拉的效果才是最好的。另外还要将手肘固定在接近 90° 的角上。改变与背部的角度也会影响拉伸的幅度。如果无法保持背部挺直，宁可弓背也不要弯腰。请小心，在站着弓背时，进行此拉伸运动很容易失去平衡。如果站着很难保持平衡，可坐在凳子或椅子上进行此项拉伸运动。

肩、背和胸

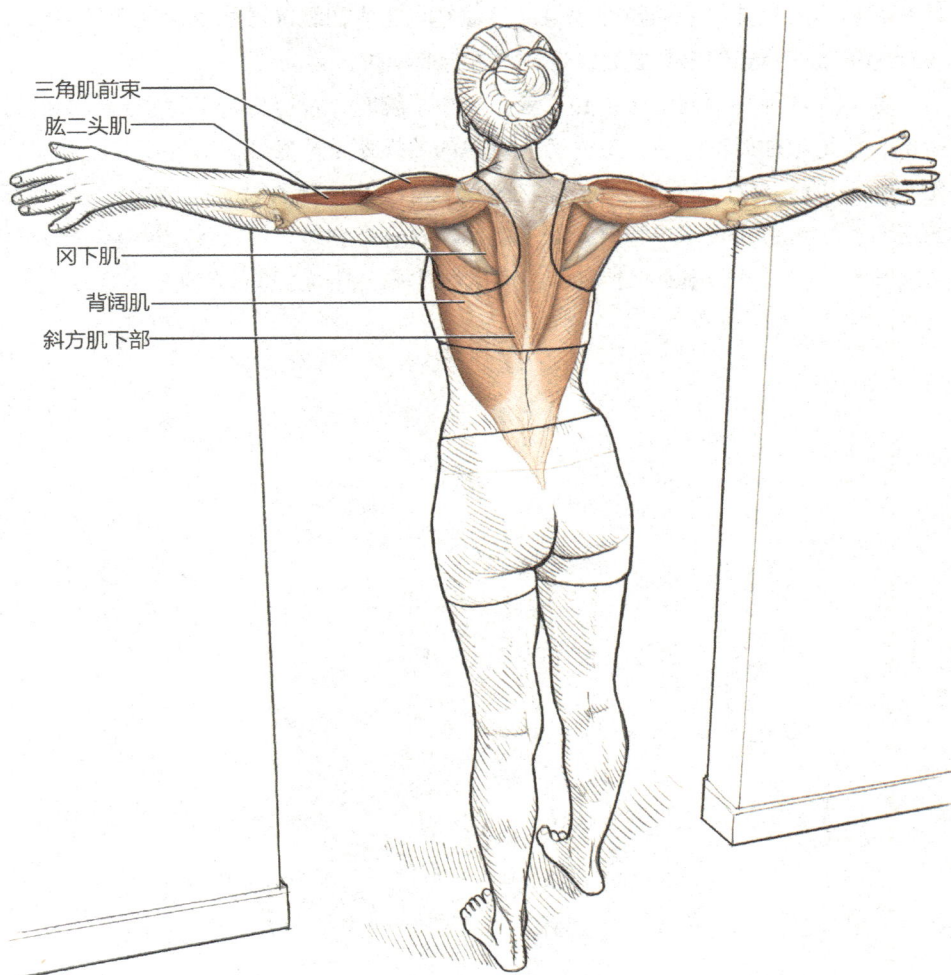

三角肌前束

肱二头肌

冈下肌

背阔肌

斜方肌下部

拉伸步骤

1. 面朝门口或墙角站立。

2. 双脚与肩同宽，一只脚比另一只稍微靠前。

3. 伸直双臂，将双臂抬升到与肩等高，将手掌放在墙上或门框上，拇指朝上。

4. 让整个身体前倾。

拉伸的肌肉

拉伸最大的肌肉： 胸大肌、三角肌前束、喙肱肌、肱二头肌

拉伸较小的肌肉： 冈下肌、背阔肌、锁骨下肌、斜方肌下部

拉伸说明

此拉伸对克服姿势不当所导致的秃鹰脖子或圆肩、驼背很有用。它还有助于减轻与肩部撞击、肩黏液囊炎、肩袖肌腱炎和冰冻肩相关的疼痛。但是，如果存在前面提到的任何问题，最好从初级拉伸开始，逐步进阶到高级拉伸。此练习具有比初级或中级肩屈肌拉伸更好的拉伸效果，而且最好在能忍受它所带来的疼痛或不适的情况下使用。

要在拉伸期间获得最大的效果，应保持手肘锁定和脊柱打直。前倾幅度越大，拉伸效果越好。前倾受开始位置上前脚离胸部的距离所限制。因此，前脚前跨的距离要足以保持平衡。可同时做颈伸肌拉伸和肩屈肌拉伸，只是不要用双手将头下压（如果不用双手将头下压，颈伸肌拉伸的强度将比单独拉伸时小）。

肩、背和胸

◁ 变化动作 ▷

肩屈肌和降肌拉伸

通过将手臂抬高到高于水平线，拉伸的主要肌肉将包含胸小肌。

面朝门口或墙角站立，双脚与肩同宽，一只脚比另一只稍微靠前。伸直双臂，将双臂抬升到高过头部，将手掌放在墙上或门框上。让整个身体前倾。

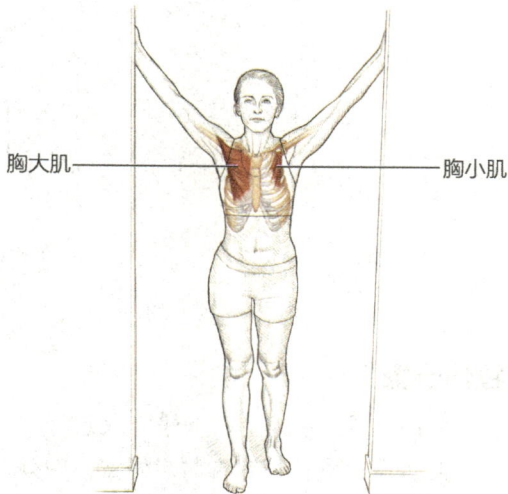

胸大肌 ——　　　　　—— 胸小肌

肩、背和胸

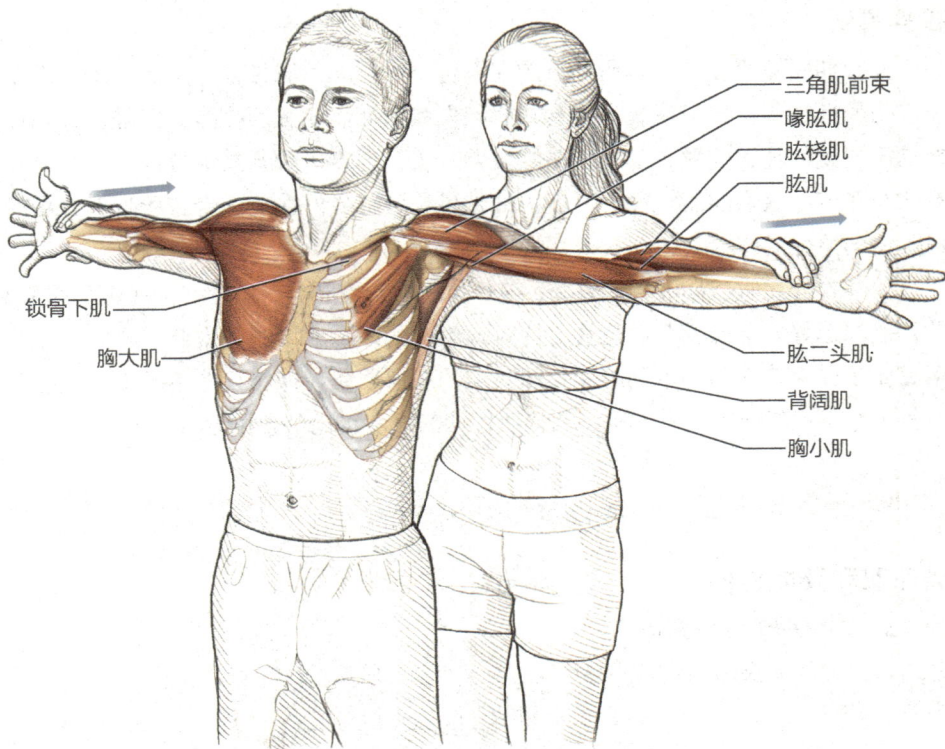

三角肌前束
喙肱肌
肱桡肌
肱肌

锁骨下肌

胸大肌

肱二头肌

背阔肌

胸小肌

安全提示 ▶ 轻轻向后拉动手腕。

拉伸步骤

1. 站立或坐在地上，以保持稳定。

2. 如果站立，让双脚与肩同宽，一只脚比另一只稍微靠前。如果坐着，可坐在地上，双腿前伸。

3. 伸展双臂至与地面平行。

4. 双手稍微朝后。

5. 让搭档站在后面，面朝你背部，抓住你的两个手腕。

6. 请搭档朝相对方向拉两个手腕，同时注意不要过度拉伸关节。

拉伸的肌肉

拉伸最大的肌肉： 胸大肌、胸小肌、三角肌前束、喙肱肌、肱二头肌、肱肌、肱桡肌

拉伸较小的肌肉： 背阔肌、斜方肌下部、锁骨下肌

拉伸说明

此拉伸对克服姿势不当所导致的秃鹰脖子或圆肩、驼背很有用。它还有助于减轻与肩部撞击、肩黏液囊炎、肩袖肌腱炎和冰冻肩相关的疼痛。此外，此拉伸有助于预防许多人所称的肌肉发达（muscle boundness）或圆肩和肩膀前倾，以及预防无法完全伸直手臂。此拉伸运动是针对肩和肘屈肌的较好的练习之一。

一定要注意，在拉动手腕时，帮助完成此拉伸的搭档不要过于激进。过于激进的拉伸可能导致肌肉拉伤，在极端情况下甚至会导致肩膀脱臼。而且，随着两个手腕彼此靠近，人们倾向于后倾来减少疼痛。如果感觉你在后倾，一个不错的想法是在开始拉伸时弯曲手腕并稍微前倾。

坐姿肩屈肌、降肌和缩肌拉伸

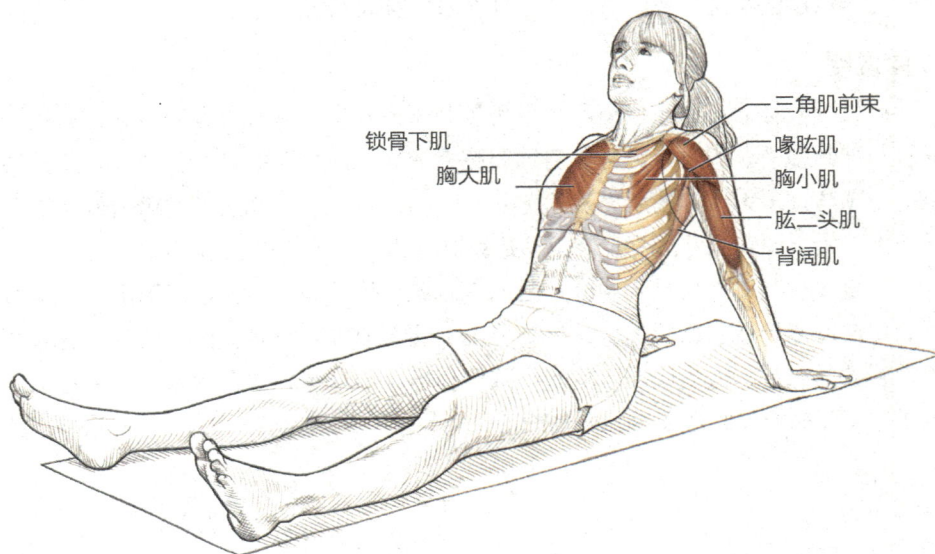

锁骨下肌

胸大肌

三角肌前束

喙肱肌

胸小肌

肱二头肌

背阔肌

拉伸步骤

1. 坐在地上，两腿伸直。

2. 在保持手臂伸直的情况下，将手掌放在地上，十指朝后，离髋部约一英尺（30厘米）。

3. 在保持手臂伸直的情况下，朝地面后倾。

拉伸的肌肉

拉伸最大的肌肉：胸大肌、三角肌前束、喙肱肌、肱二头肌、胸小肌

拉伸较小的肌肉：背阔肌、斜方肌下部、锁骨下肌、菱形肌

拉伸说明

  此拉伸运动是同时拉伸肩和肘屈肌的较好的独自练习之一。它对克服姿势不当所导致的秃鹰脖子或圆肩、驼背很有用。它还有助于减轻与肩部撞击、肩黏液囊炎、肩袖肌腱炎和冰冻肩相关的疼痛。此外，此拉伸有助于预防许多人所称的肌肉发达或圆肩和肩膀前倾，还可以预防无法完全伸直手臂。

  要让拉伸发挥最大的作用，请保持手臂伸直。如果很难避免手臂弯曲，可将双手放得离髋部更近一些。移动双手远离髋部可增加拉伸幅度。为了避免身体在地板上滑动，可能需要用脚底顶住墙壁。坐在垫子上并将双手放在硬地面上，会增加拉伸幅度并提高舒适性。

肩、背和胸

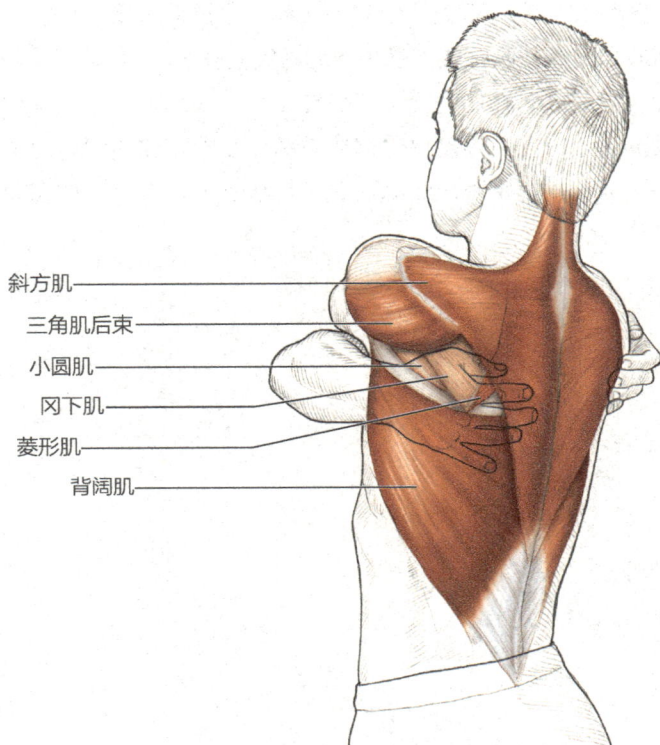

肩、背和胸

斜方肌

三角肌后束

小圆肌

冈下肌

菱形肌

背阔肌

拉伸步骤

1. 站立，双脚与肩同宽，脚尖朝前。

2. 用双手围绕住肩膀，就像拥抱自己一样，将手臂放在最舒适的位置。

3. 向前拉动肩膀。

拉伸的肌肉

拉伸最大的肌肉：三角肌后束、背阔肌、斜方肌、菱形肌

拉伸较小的肌肉：小圆肌、冈下肌

拉伸说明

　　不当的姿势会让三角肌、背阔肌、斜方肌和菱形肌的负担过重，导致肌肉紧张。此拉伸可减少在肩胛骨之间感受到的许多疼痛和不适。相反，由于不使用或仅在肩下方做有限的手臂活动，也可能导致这些肌肉变紧。这些肌肉的紧绷会使高过头顶的动作更加困难和痛苦，例如，给天花板刷漆、清洗高处的窗户或做哑铃上推举。此拉伸运动对肌肉组织的拉伸较小，所以最适合在肌肉非常紧的情况下练习。另外，进行此拉伸运动有助于减轻与肩部撞击、肩黏液囊炎、肩袖肌腱炎和冰冻肩相关的疼痛。

肩、背和胸

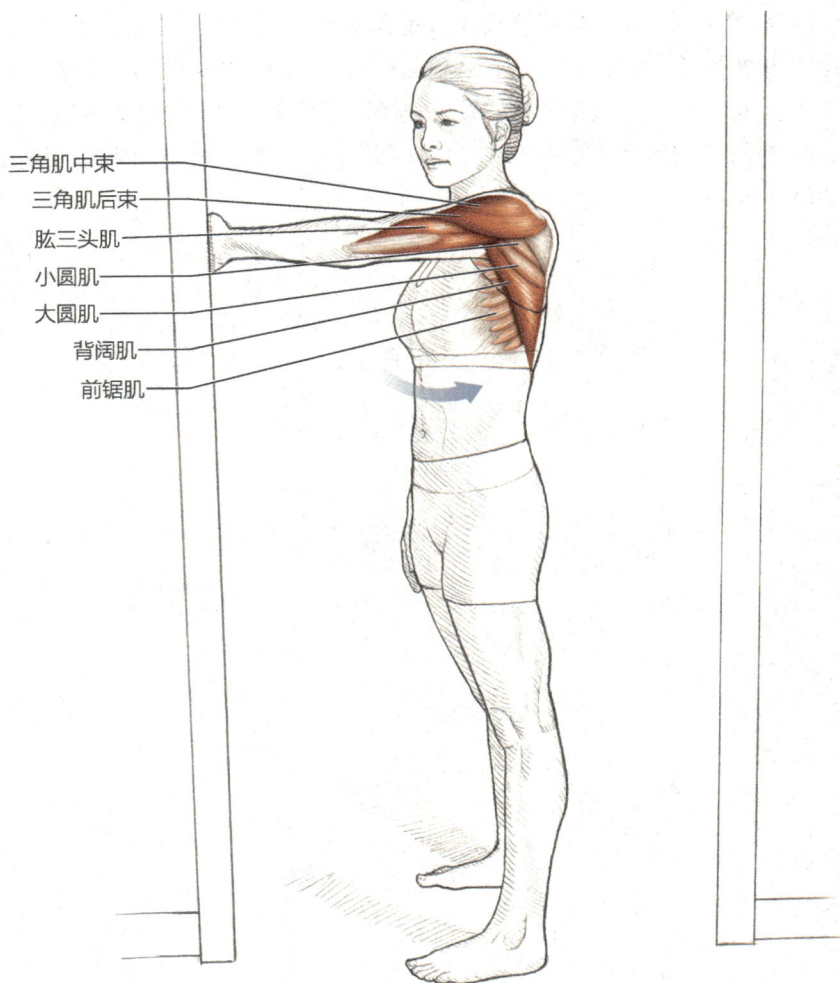

肩、背和胸

三角肌中束
三角肌后束
肱三头肌
小圆肌
大圆肌
背阔肌
前锯肌

拉伸步骤

1. 面朝门柱站立，让右肩与门柱在一条线上。

2. 双脚与肩同宽，脚尖朝前。

3. 将左臂穿过身体伸向右肩。

4. 将拇指朝下，抓住门柱上与肩部同高的位置。

5. 旋转身躯，直到感觉左肩后侧被拉伸。

6. 对另一只手臂重复这些步骤。

拉伸的肌肉

拉伸最大的肌肉：三角肌后束、三角肌中束、背阔肌、肱三头肌、斜方肌中部、菱形肌

拉伸较小的肌肉：大圆肌、小圆肌、冈上肌、前锯肌

拉伸说明

不当的姿势会让三角肌、背阔肌、斜方肌和菱形肌的负担过重，导致肌肉紧张。此中级拉伸可更大幅度地拉伸这些肌肉。它可比初级拉伸更有效地减轻在肩胛骨之间感受到的许多疼痛和不适。相反，由于不使用或仅在肩下方做有限的手臂活动，也可能导致这些肌肉变紧。这些肌肉的紧绷会使高过头顶的动作更加困难和痛苦。此拉伸运动可比基本的肩伸肌、内收肌和缩肌拉伸更好地拉伸肌肉组织。另外，进行此拉伸运动有助于减轻与肩部撞击、肩黏液囊炎、肩袖肌腱炎和冰冻肩相关的疼痛。

要想最大限度发挥此拉伸的作用，应保持肘部固定。一段时间后，随着肌肉变得更加柔韧，要保持肘部固定，将需要抓住肩膀上方的门柱。抬高双手不会减弱此拉伸的主要作用。但是，随着双手高过肩膀，菱形肌的拉伸会减弱，而前锯肌的拉伸会加强。

肩、背和胸

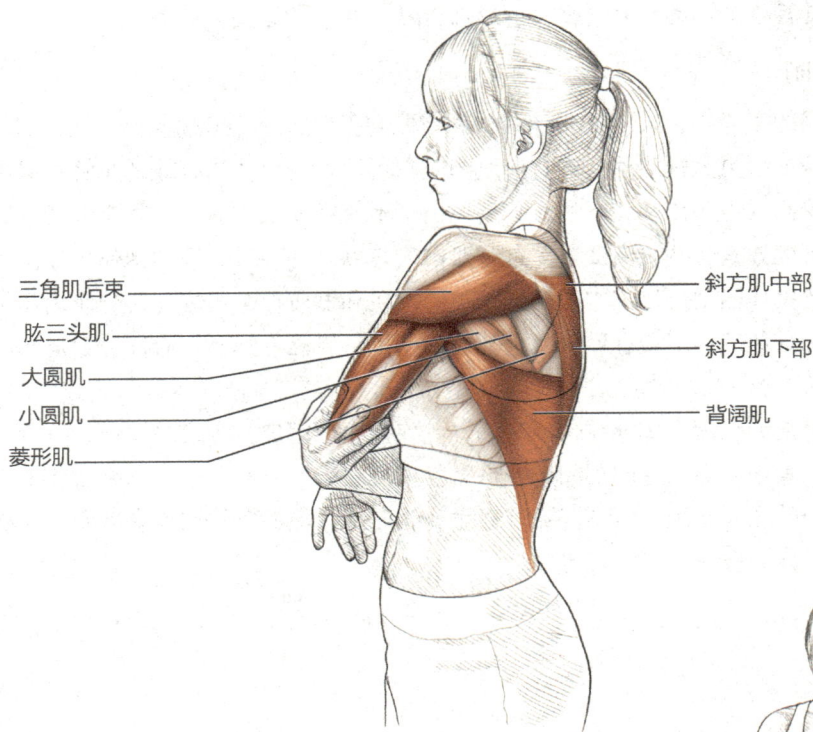

肩、背和胸

三角肌后束
肱三头肌
大圆肌
小圆肌
菱形肌

斜方肌中部
斜方肌下部
背阔肌

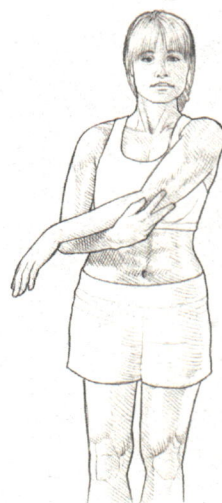

拉伸步骤

1. 站立，双脚与肩同宽。
2. 将左臂从身前穿过，左手接近右髋部。
3. 用右手抓住左肘部。
4. 用右手尝试朝下和身体后侧牵拉左肘部。
5. 对另一只手臂重复这些步骤。

拉伸的肌肉

拉伸最大的肌肉： 三角肌后束、背阔肌、肱三头肌、斜方肌中下部

拉伸较小的肌肉： 大圆肌、小圆肌、冈上肌、肩胛提肌、菱形肌

拉伸说明

三角肌、背阔肌、三头肌和斜方肌的紧绷会使高过头顶的动作变得更加困难和痛苦。所以此拉伸会使做任何投掷动作和手臂上举的动作更加容易，例如刷漆和清洗窗户。另外，进行此拉伸运动有助于减轻与肩部撞击、肩黏液囊炎、肩袖肌腱炎和冰冻肩相关的疼痛。

为了最大限度发挥拉伸的效果，不要抬肩或弯腰。如果无法将手伸到髋部，可尝试尽可能靠近髋部。只要手臂位于肩下，拉伸就会起作用。

变化动作

头顶肩内收肌、伸肌和提肌拉伸

将手臂抬到肩膀上方能更有效地拉伸提肌和伸肌，对高过头顶的活动更有益。

站立，双脚与肩同宽。将左手抬高至头上方，将左臂面向头部左侧。然后用右手抓住左肘部，尝试向头后牵拉左肘部，穿过左耳。

对另一只手臂重复这些步骤。

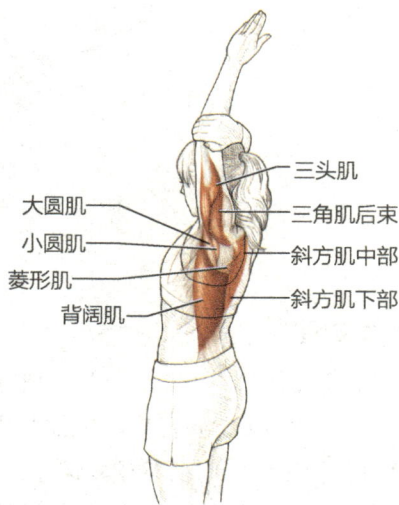

大圆肌
小圆肌
菱形肌
背阔肌

三头肌
三角肌后束
斜方肌中部
斜方肌下部

肩内收肌和伸肌拉伸

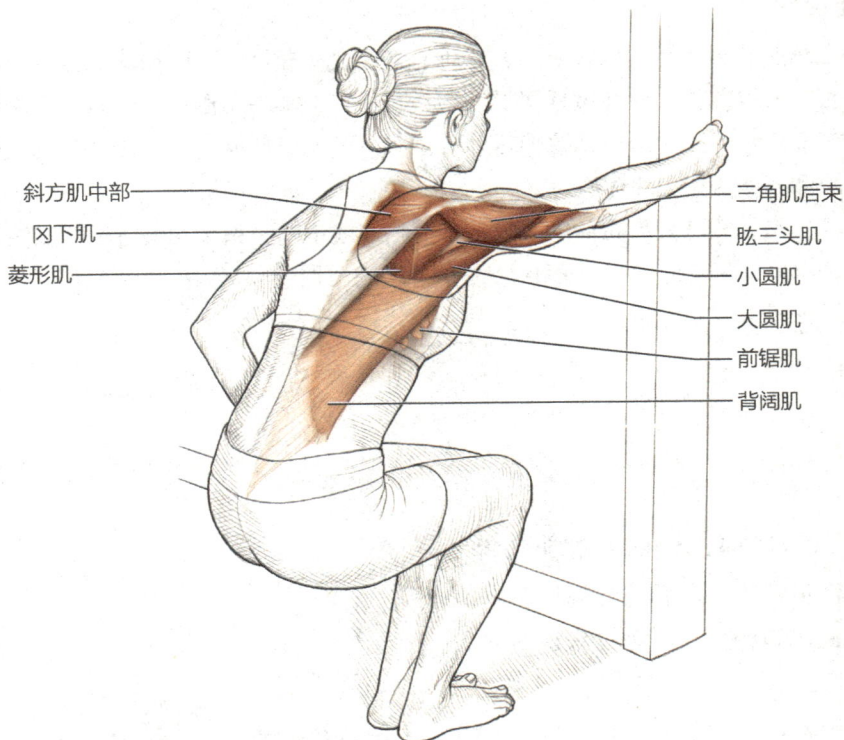

斜方肌中部
冈下肌
菱形肌

三角肌后束
肱三头肌
小圆肌
大圆肌
前锯肌
背阔肌

拉伸步骤

1. 面朝门口蹲下，右肩与门柱左侧在一条线上。

2. 伸出右臂穿过门口。用右手抓住门柱内侧与肩等高的位置。

3. 保持手臂伸直和双脚站稳，朝门的方向下压臀部。

4. 对另一只手臂重复这些步骤。

拉伸的肌肉

拉伸最大的肌肉： 三角肌后束、斜方肌中部、肱三头肌、大圆肌、菱形肌、冈下肌

拉伸较小的肌肉： 背阔肌、小圆肌、冈上肌、前锯肌

拉伸说明

　　尽管不当的姿势会对身体两侧产生负面影响，导致肌肉过度紧绷，但大部分人使用一只手臂多于另一只，所以一侧的肌肉会由于未使用而变得更紧。在做任何高过头顶的动作时，例如刷漆、清洗窗户或向上推举，可能会变得更加困难和痛苦。因此，有时可能需要拉伸一侧比另一侧多一些。因为此拉伸类似于单臂上推运动，所以它更适合解决一侧比另一侧更紧所导致的问题。另外，通过借助重力独自拉伸一侧，此拉伸能获得比任何其他针对类似肌肉的拉伸更大的拉伸量，而且可减少在肩胛骨之间感受到的许多疼痛和不适。

　　更低的蹲位能实现更大的拉伸，但也会增加膝关节上的压力和负担。因此，请小心不要蹲得太低，以至于感觉腿或膝盖疼痛。要减少膝盖上的负担，可改变抓住的门柱的位置。但是，改变抓住的位置会影响对各种肌肉施加的拉伸量（参见变化动作）。无论抓住何处，请保持背部打直或前弓。不要让腰部前倾。要获得更大的拉伸，可向内旋转身躯。

变化动作

头顶肩内收肌和伸肌拉伸

　　抓住头部上方的门柱内侧，会减小对斜方肌中部的拉伸，而增加对三角肌后束、背阔肌、肱三头肌、大圆肌和冈下肌的拉伸。开始拉伸时，蹲在门口前面，右肩与门柱内侧在一条线上。伸出右臂穿过门口，用右手抓住头上方十几厘米处的门柱内侧。通过朝门的方向下压臀部来增加拉伸。对另一侧再重复一次。

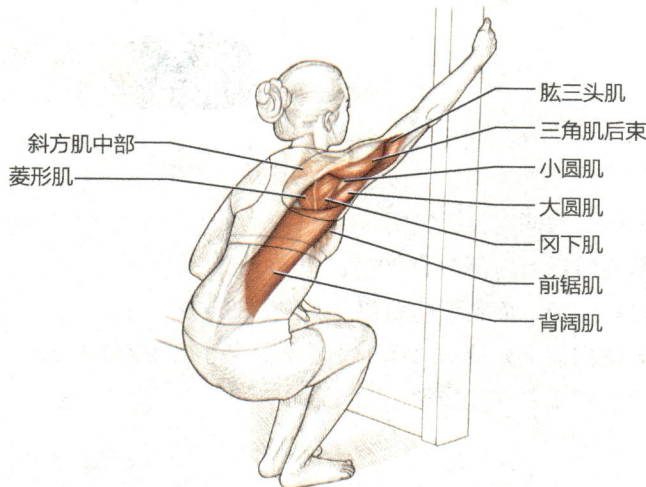

斜方肌中部
菱形肌

肱三头肌
三角肌后束
小圆肌
大圆肌
冈下肌
前锯肌
背阔肌

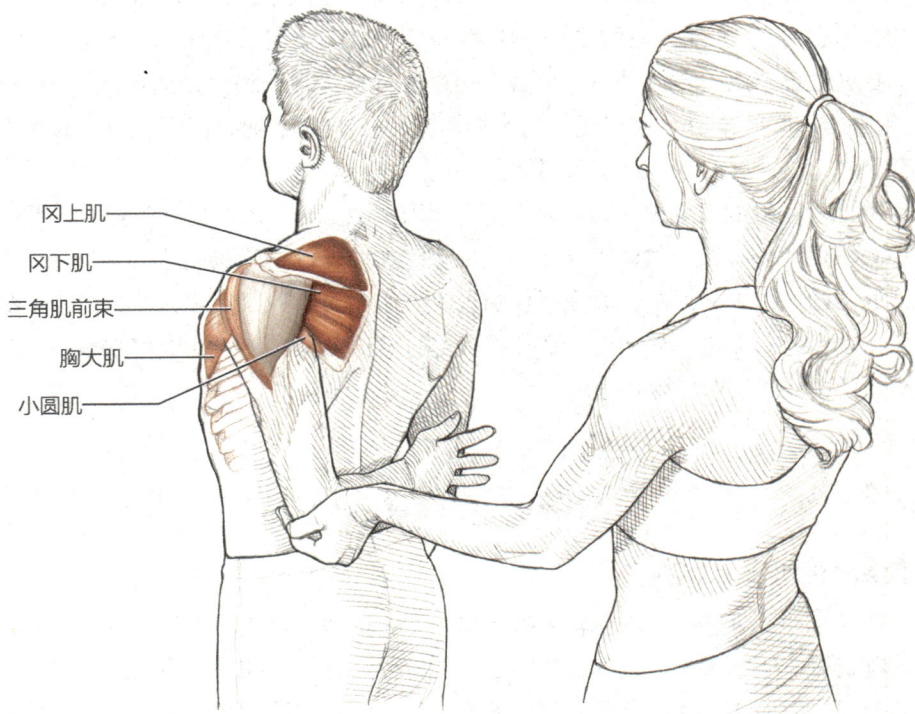

冈上肌
冈下肌
三角肌前束
胸大肌
小圆肌

安全提示 ▶ 轻轻地向后拉动肘部。

拉伸步骤

1. 站立，双脚与肩同宽，脚尖朝前。

2. 将左臂放在背后，肘部弯曲 90°。

3. 让搭档站在背后，面朝你的后背并抓住你的左肘。

4. 搭档轻轻地向后上方拉动肘部，注意不要突然或用力牵拉。

5. 对另一只手臂重复这些步骤。

拉伸的肌肉

拉伸最大的肌肉： 冈上肌、冈下肌

拉伸较小的肌肉： 三角肌前束、胸大肌、小圆肌、喙肱肌

拉伸说明

人们反复做前推动作（例如使用前推式割草机）或下拉动作（例如使用滑轮系统将物体升离地面）时，冈上肌和冈下肌可能变紧。具体来讲，冈上肌在做高过头顶的运动时始终在工作，因此它在疲劳时很容易紧张。此拉伸也有助于减轻与肩部撞击、肩黏液囊炎、肩袖肌腱炎和冰冻肩相关的疼痛。

如果你曾被人将手臂扭到背后，就知道此运动有多疼痛。如果这些肌肉非常紧，疼痛会加剧。因此帮助进行此拉伸运动的人向后上方拉动手臂时，一定要缓慢地进行操作。

第 3 章

手臂、手腕和手掌

肘关节是手臂的主要关节，它由 3 根骨头组成。肱骨（上臂）位于靠近身体的一端，而桡骨和尺骨（前臂）位于远离身体的一端。肘关节为铰链结构，因此只能屈和伸。屈肘关节的肌肉（肱二头肌、肱肌、肱桡肌、旋前圆肌）位于前面（正面，图 3.1），而伸肌（肘肌、肱三头肌）位于后面（背面，图 3.2）。

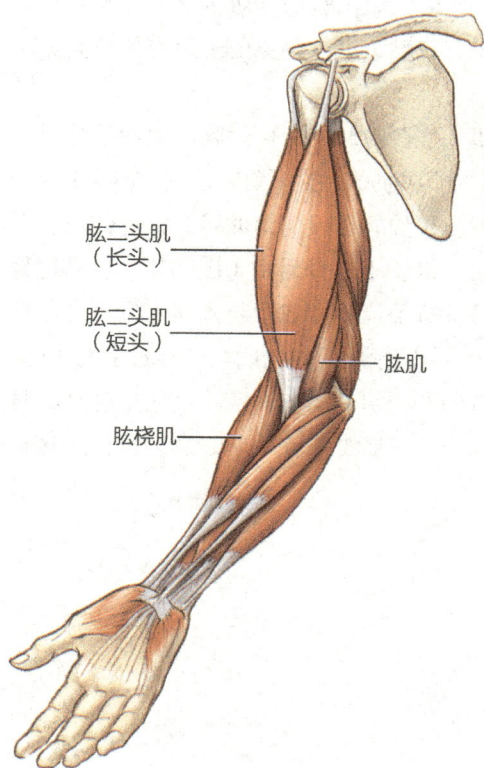

肱二头肌
（长头）

肱二头肌
（短头）

肱肌

肱桡肌

肱三头肌
（外侧头）

肱三头肌
（长头）

肱三头肌
（内侧头）

图 3.1 肱二头肌、肱肌和肱桡肌 　　　**图 3.2** 肱三头肌

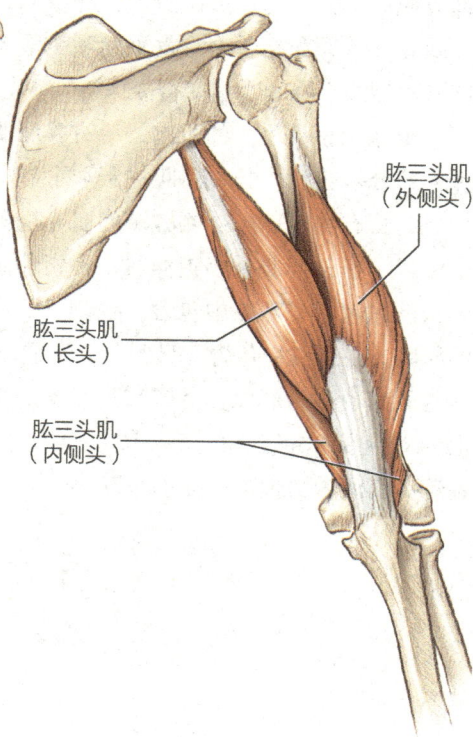

　　帮助固定肘关节的3根骨头的韧带是关节囊韧带、桡侧副韧带和尺侧副韧带。桡骨的名称源于它翻转尺骨的能力，此能力使手掌能朝前（仰转）或朝后（内转）。通过环状韧带将桡骨连接到尺骨。两块肌肉负责仰转（肱二头肌和旋后肌），两块肌肉负责内转（旋前圆肌和旋前方肌）。旋前肌所在的位置使它们能够将桡骨远端拉向身体，旋后肌所在的位置使它们能够将桡骨远端拉离身体。

　　肘关节可弯屈曲的程度主要受连接上臂前侧肌肉的前臂，以及连接肱部前侧远端的桡骨和尺骨前侧近端所限制。但是，肘伸肌的紧绷，肘屈肌的力量，以及关节囊韧带、桡侧副韧带和尺侧副韧带后侧部分的柔韧性，也控制着肘关节的运动范围。可通过拉伸来改变这些因素。

　　尽管腕部的主要运动是屈伸，但腕关节是一个滑动关节，而不是真正的屈成关节。可以滑动是因为手腕由桡骨和尺骨的远端及8根腕骨组成。因此，除了屈伸，手腕还可进行外展（手桡侧倾）和内收（手尺侧倾）。腕骨主要由各种关节囊、桡腕掌侧韧带和桡腕背侧韧带固定。有趣的是，控制手腕、手掌和手指运动的大部分肌肉都位于肘部或附近。这导致靠近手腕的肌肉鼓起，肌腱穿过手腕并附着在腕骨、掌骨和指骨上。仅手腕和手掌上有肌腱，可以避免由于附带的肌肉力量增加而导致手腕和手掌变得太大。

　　类似于移动手肘的肌肉，所有腕屈肌（桡侧腕屈肌、尺侧腕屈肌和掌长肌）和大部分指屈肌（指深屈肌、指浅屈肌和指长屈肌）都位于前臂前室（图3.3a）。相反，所有腕伸肌（桡侧腕短伸肌、桡侧腕长伸肌、尺侧腕伸肌、指总伸肌）和指伸肌（指总伸肌、小指伸肌、食指伸肌）都位于前臂后室（图3.3b）。沿桡骨生长的肌肉（在名称中包含"桡侧"）可进行手尺侧倾或手腕外展。沿尺骨生长的肌肉（在名称中包含"尺侧"）可进行手桡侧倾或手腕内收。在穿过手腕之前，这些肌肉由称为屈肌支持带和伸肌支持带的厚组织带牢牢固定。这些肌腱从腕骨上的支持带下穿过，位于一个腕管中。因为这些肌腱挤在一起，所以每根肌腱包裹着一个润滑的腱鞘来减小摩擦。

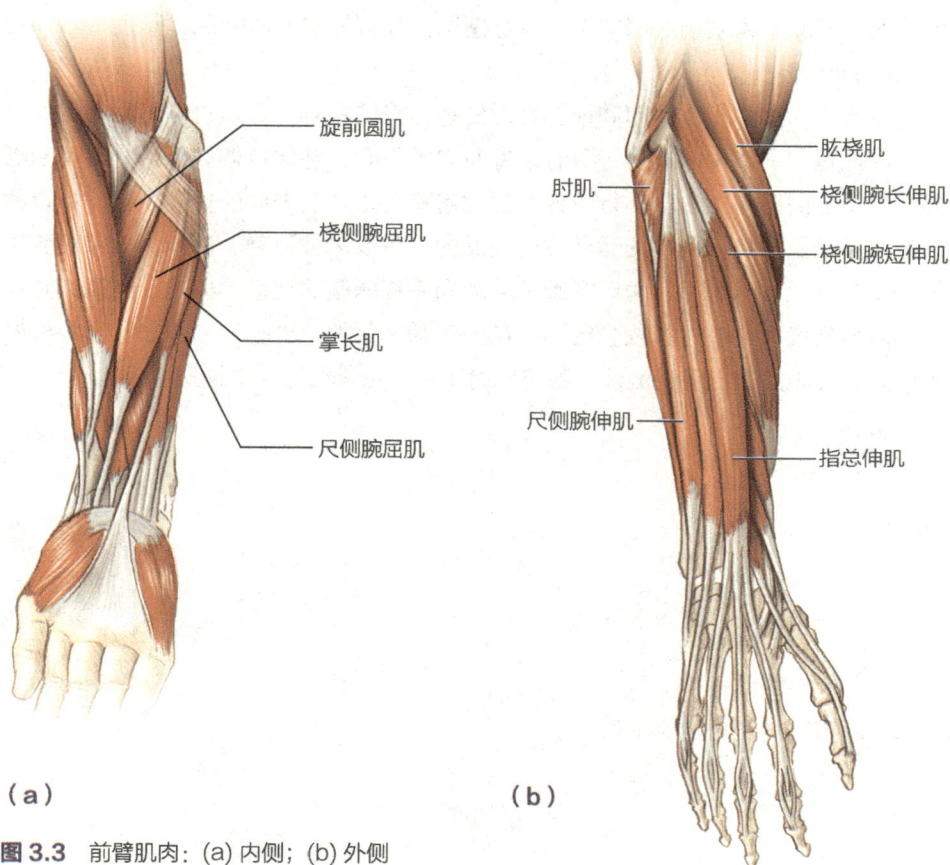

旋前圆肌

桡侧腕屈肌

掌长肌

尺侧腕屈肌

肘肌

肱桡肌

桡侧腕长伸肌

桡侧腕短伸肌

尺侧腕伸肌

指总伸肌

（a）

（b）

图 3.3　前臂肌肉：(a) 内侧；(b) 外侧

　　手腕弯曲、手腕伸展、手桡侧倾和手尺侧倾的运动范围，都受收缩肌肉的力量、拮抗肌的柔韧性、背侧韧带和掌侧韧带的紧张性，以及手腕撞击（仅手尺侧倾）的限制。有趣的是，除了手腕撞击，所有这些因素都可通过拉伸运动来改变。

　　拉伸移动肘部和腕部的肌肉，有助于减轻并且有时能防止过劳性损伤。因为它对反向运动有更大的抵抗力，所以紧张的肌肉很容易损伤。腕伸肌紧张时，肘部的（外）侧面就会出现疼痛。在运动中，这种疼痛有时称为网球肘。另一方面，紧张的腕屈肌可能导致肘部另一侧或内侧疼痛。这种疼痛常常称为高尔夫球肘。另外，经常完全伸展或弯曲手腕所导致的腕伸肌和腕屈肌紧绷，还可能导致更大的摩擦、炎症和过劳性损伤，例如腕管综合症。执行静力性或精细动作（例如使用键盘、使用鼠标、做木工活或攀岩）的人最容易遇到这种情况。要预防和减轻此情况，复原专家鼓励人们在工作休息期间拉伸腕屈肌和腕伸肌，帮助加强和放松肌肉和肌腱。

　　本章中的许多操作说明和插图针对的都是身体左侧。身体右侧可采用类似但相反的过程。本章中的拉伸是所有手臂肌肉的很好的整体拉伸。但一些人可能需要针对特定的肌肉或肌群进行拉伸，因此需要更适合其需要的拉伸。拉伸特定的肌肉需要涉及与目标肌肉的运动方向相反的一种或多种运动。例如，如果想要拉伸桡侧腕屈肌，可练习一种涉及腕部伸展和手桡侧倾的运动。但是，当肌肉具有较高的僵硬度时，应进行较少的同时反向运动。例如，要拉伸一块非常紧的桡侧腕屈肌，首先仅进行手桡侧倾。随着肌肉变松，可进行更多的同时反向运动。

肱三头肌拉伸

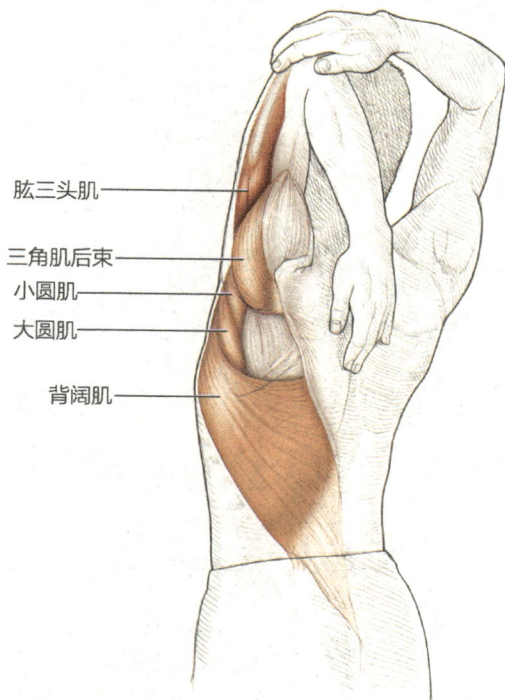

肱三头肌

三角肌后束

小圆肌

大圆肌

背阔肌

拉伸步骤

1. 坐在有靠背的椅子上或站立，左肘部弯曲。

2. 抬高左臂，直到肘部位于左耳旁边，左手靠近右肩胛骨。

3. 用右手抓住上臂上紧挨左肘下方的位置，朝头后和地面拉动或推左肘。

4. 对另一只手臂重复这些步骤。

拉伸的肌肉

拉伸最大的肌肉： 肱三头肌

拉伸较小的肌肉： 背阔肌、大圆肌、小圆肌、三角肌后束

拉伸说明

肘伸肌的紧张是网球肘或手臂运动期间肘外侧疼痛的主要原因。这种紧张通常是由于过度使用或拉紧这些肌肉，或者通过完全伸展来对抗阻力所导致的。因此，任何使用这些肌肉的活动都可能导致紧张。所以，此拉伸不仅对网球运动员有好处，对游泳运动员也有好处。另外，如果紧张的肘屈肌导致肌肉时常过度拉伸，或者如果手臂存在肌肉发达（无法完全伸直手臂），也可能导致肌肉拉紧。

坐在有靠背的椅子上进行此拉伸运动，可以更好地控制平衡。在身体平衡时，可对肌肉施加更大的拉伸力。另外，不要过长时间地进行此拉伸运动，因为此拉伸会大大减少肩部的血流。

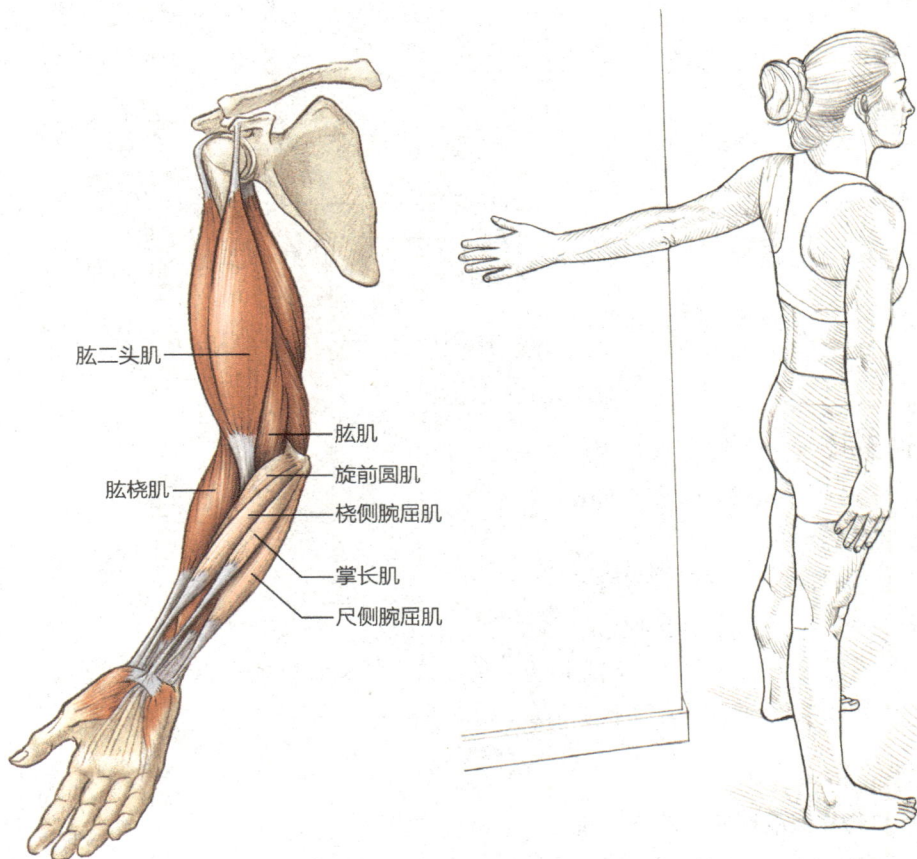

手臂、手腕和手掌

肱二头肌

肱肌
旋前圆肌
肱桡肌
桡侧腕屈肌
掌长肌
尺侧腕屈肌

拉伸步骤

1. 面朝门框内侧站立，但离门框有一个手臂的距离。
2. 将左臂抬高到与肩等高，保持左臂伸直。
3. 抓住门框最远的边缘，拇指朝上。
4. 保持左肘和手腕伸直，朝门框方向向后旋转躯干。
5. 对另一只手臂重复这些步骤。

44

拉伸的肌肉

拉伸最大的肌肉： 肱肌、肱桡肌、肱二头肌

拉伸较小的肌肉： 旋后肌、旋前圆肌、桡侧腕屈肌、尺侧腕屈肌、掌长肌

拉伸说明

这些屈肌很容易由于长时间弯曲肘部而变紧，例如搬运重箱子或弯举哑铃或杠铃时。这些肌肉紧张时，手臂无法完全伸直，人们会表现出时常所称的肌肉发达的外表。这种紧绷会导致肘内侧疼痛，这常常被称为高尔夫球肘。但是，这种疼痛不仅高尔夫球运动员会感觉到，在其他人身上可能也会发生，例如木匠、攀岩运动员、按摩师和举重运动员。另外，拉伸这些肌肉还可减轻腕管综合症患者的疼痛。

如果抓住牢固的立柱，此拉伸更容易完成。牢牢抓住立柱，使手不会沿立柱滑动，但不要抓得太紧，因为抓得太紧会消除对拉伸较少的肌肉的拉伸效果。另外，保持肘部伸直比较困难，而此拉伸要发挥作用，肘部有必要伸直。最好将手臂抬高到与肩等高，以保证所有肌肉都获得等量的拉伸。不过，手臂抬到任何高度，此拉伸都会发挥作用。

肘和腕屈肌拉伸

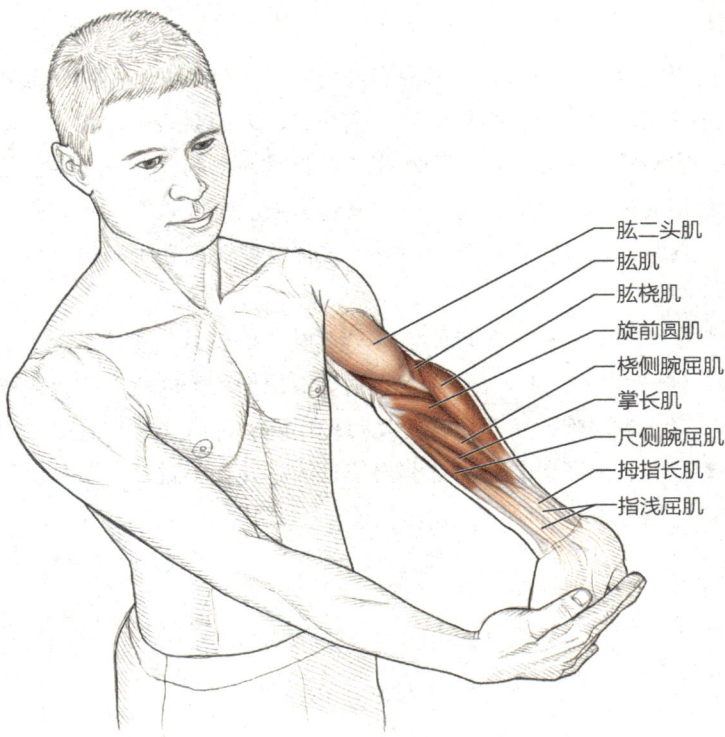

肱二头肌

肱肌

肱桡肌

旋前圆肌

桡侧腕屈肌

掌长肌

尺侧腕屈肌

拇指长肌

指浅屈肌

手臂、手腕和手掌

拉伸步骤

1. 站立，双脚与肩同宽，脚尖朝前。

2. 向前方伸出左臂，与肩膀同高，伸直肘部且仰转前臂（朝上旋转）。

3. 完全伸展左腕，使手指朝向地面。

4. 用右手抓住左手指，朝肘部方向向后拉动。

5. 对另一只手臂重复这些步骤。

46

拉伸的肌肉

拉伸最大的肌肉： 肱肌、肱桡肌、旋前圆肌、桡侧腕屈肌、尺侧腕屈肌、掌长肌

拉伸较小的肌肉： 肱二头肌、指浅屈肌、指深屈肌、拇指长肌

拉伸说明

　　静力性的工作（例如操作键盘）很容易使这些肌肉变紧。另外，任何需要大量手臂工作的职业也可能导致这些肌肉变紧。这种紧绷会导致肘内侧疼痛，这常常被称为高尔夫球肘。但是，这种疼痛不仅高尔夫球运动员会感觉到，还可能在其他人身上发生，例如木匠、攀岩运动员和按摩师。另外，拉伸这些肌肉还可减轻腕管综合症患者的疼痛。

　　进行此拉伸运动时要小心。如果感觉肘关节、腕关节或指关节有任何疼痛感，请减少拉力，否则可能损伤关节。

手臂、手腕和手掌

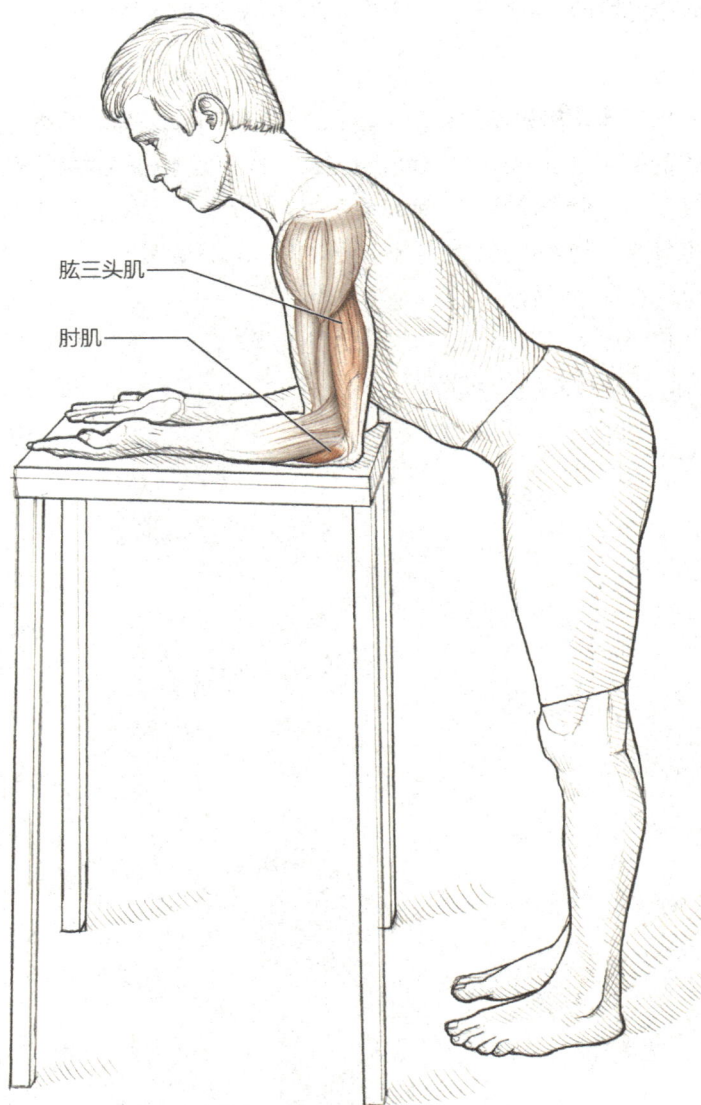

肱三头肌

肘肌

拉伸步骤

1. 面朝一张齐腰高的桌子站立或坐着。
2. 弯曲肘部，将前臂放在桌上，手掌朝上。
3. 身体前倾，让胸部向桌子靠近。

拉伸的肌肉

拉伸最大的肌肉： 肘肌

拉伸较小的肌肉： 肱三头肌

拉伸说明

肘伸肌的紧绷是网球肘或手臂运动期间肘外侧疼痛的主要原因。这种紧绷通常是由于过度使用或拉紧这些肌肉所导致的。因此，任何使用这些肌肉的活动都可能导致紧绷。尽管肱三头肌是伸展手肘时使用的主要肌肉，但在手臂弯曲且内转时，肘肌发挥着主要作用。因此，此拉伸对主要采用靠近身体的正手击球方式的网球运动员，或具有肌肉发达外表（无法伸直手臂）的人而言非常有用。

要想达到最大的拉伸效果，请保持前臂和肘部平放在桌上。

借助哑铃的前臂旋前肌拉伸

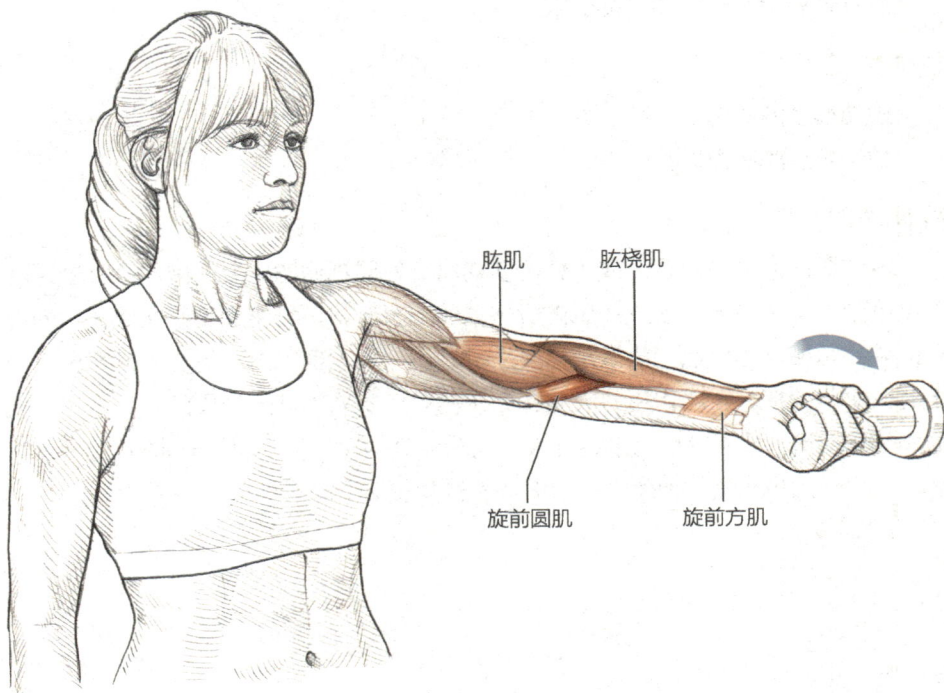

肱肌　　肱桡肌

旋前圆肌　　旋前方肌

拉伸步骤

1. 站立，双脚与肩同宽，脚尖朝前。

2. 左手抓住一个只有一端装有铁块的较轻哑铃，将重的一端伸出到拇指以外。

3. 在肩膀的高度朝前伸出左臂，保持肘部伸直且仰转前臂（重的一端位于拇指左侧）。

4. 完全仰转前臂（将腕部朝拇指方向旋转），以便哑铃重的一端朝向地面。

5. 对另一只手臂重复这些步骤。

拉伸的肌肉

拉伸最大的肌肉： 旋前圆肌

拉伸较小的肌肉： 肱肌、肱桡肌、旋前方肌

拉伸说明

旋前肌挛缩或极度紧绷主要是由于旋前圆肌的过度紧张（缩短的僵硬肌肉）所导致。这种过度紧张可能导致内侧神经压迫或旋前圆肌综合症。前臂前侧和手会感觉到疼痛和虚弱的症状。旋前圆肌综合症是由于重复性职业活动过度使用旋前圆肌所导致，例如锤打、清洗鱼或执行任何需要连续操作工具的活动。女性比男性更容易受到影响，但具体原因还不清楚。定期拉伸旋前圆肌可帮助减少发展成挛缩的几率。

注意，不要使用太重的哑铃。首先从一端装有较轻铁块的哑铃开始，随着更加习惯此拉伸而逐步增加重量。事实上，完全可以不使用哑铃，使用任何在手柄的一端较轻的物体均可，例如榔头。此拉伸可坐着或站着完成，将整个手臂横放在平面上，手腕和手掌伸出平面的边缘。如果使用了支撑，可尝试保持肩部角度接近90°。

借助哑铃的前臂旋后肌拉伸

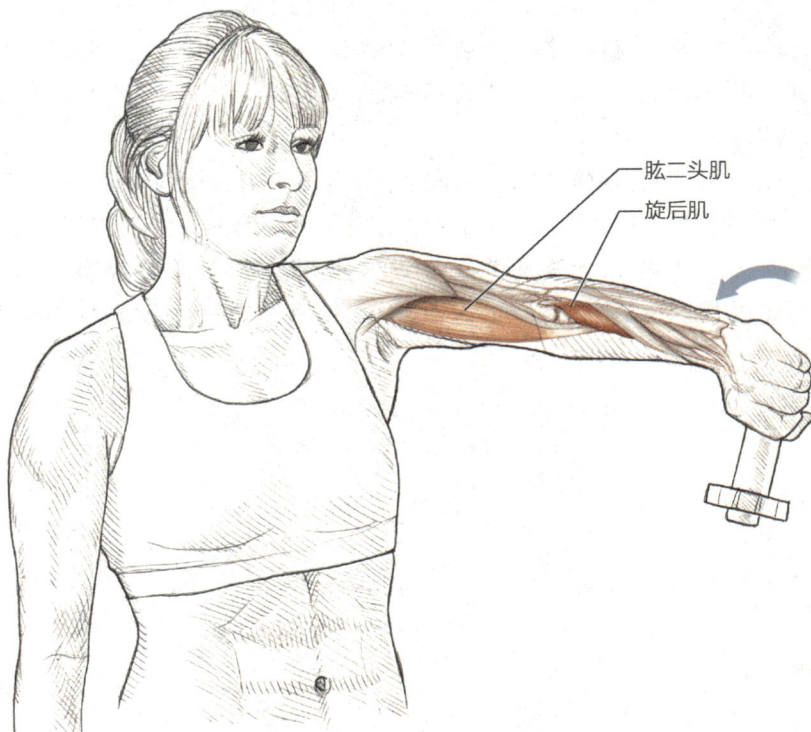

肱二头肌

旋后肌

拉伸步骤

1. 站立，双脚与肩同宽，脚尖朝前。

2. 左手抓住一个只有一端装有铁块的较轻哑铃，将重的一端伸出到拇指以外。

3. 在肩膀的高度朝前伸出左臂，保持肘部伸直和仰转前臂。

4. 内转前臂（将腕部朝小指方向旋转），以便哑铃重的一端朝向地面。

5. 对另一只手臂重复这些步骤。

拉伸的肌肉

拉伸最大的肌肉：旋后肌

拉伸较小的肌肉：肱二头肌

拉伸说明

短而紧绷（高张）的旋后肌是肘外侧疼痛（常常称为网球肘）的主要原因。严重高张的旋后肌可能导致旋后肌综合症或腕管综合症。这些综合症是桡神经压迫的结果，它们本身表现为前臂疼痛和麻木，以及小臂和手掌肌肉虚弱。快速的网球反手拍等动作或肘部弯曲的长时间前臂仰转（例如理发、用绳子牵着狗或从下方搬运重箱子），都是可能过度使用旋后肌，导致肌肉高张的运动类型。

注意，不要使用太重的哑铃。首先从一端装有非常轻的铁块的哑铃开始，随着更加习惯此拉伸而逐步增加重量。事实上，完全可以不使用哑铃，使用任何在手柄的一端较轻的物体均可，例如榔头。此拉伸可坐着或站着完成，将整个手臂横放在平面上，手腕和手掌伸出平面的边缘。如果使用了支撑，可尝试保持肩部角度接近90°。

初级腕伸肌拉伸

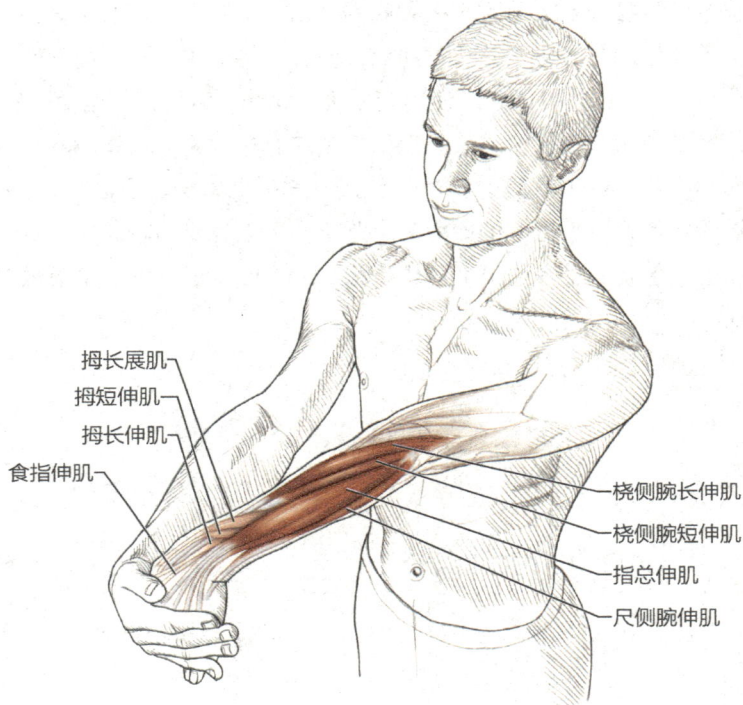

拇长展肌
拇短伸肌
拇长伸肌
食指伸肌

桡侧腕长伸肌
桡侧腕短伸肌
指总伸肌
尺侧腕伸肌

拉伸步骤

1. 站立，双脚与肩同宽，脚尖朝前。

2. 左臂在肩膀的高度向前方伸出，肘部伸且仰转前臂。

3. 弯曲左腕，使手指指向地面。

4. 将右手掌放在左手指关节上。

5. 保持左肘伸直，朝身体方向拉动指关节。

6. 对另一只手臂重复这些步骤。

拉伸的肌肉

拉伸最大的肌肉: 桡侧腕短伸肌、桡侧腕长伸肌、尺侧腕伸肌、指总伸肌

拉伸较小的肌肉: 食指伸肌、拇短伸肌、拇长伸肌、拇长展肌

拉伸说明

伸肌的紧绷是网球肘或手臂运动期间肘外侧疼痛的主要原因。这种紧绷性通常是由于过度使用或拉紧这些肌肉所导致的。任何使用这些肌肉的活动都可能导致过度使用、高张和紧绷,例如使用键盘、使用球拍、划船、举重、轮椅运动和攀岩。另外,过度使用拇长伸肌、拇短伸肌或拇长展肌,也可能导致所谓的鼓手麻痹症(主要是拇长伸肌)和交叉综合症(主要是拇短伸肌和拇长展肌)的情况。通过进行此拉伸运动,可帮助减轻过度使用腕伸肌可能引起的问题。

手臂、手腕和手掌

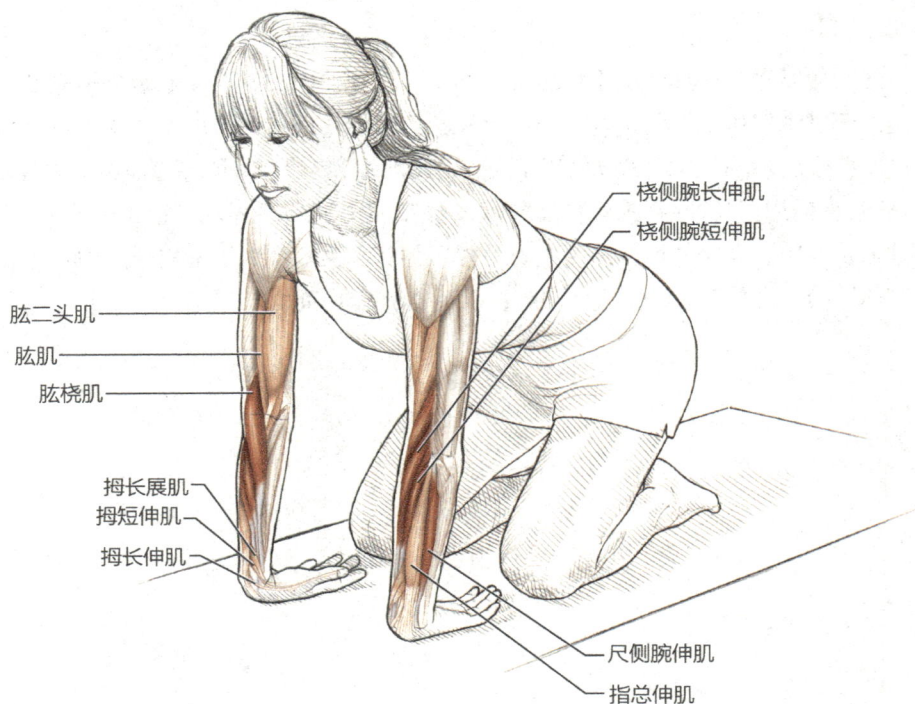

桡侧腕长伸肌
桡侧腕短伸肌

肱二头肌
肱肌
肱桡肌

拇长展肌
拇短伸肌
拇长伸肌

尺侧腕伸肌
指总伸肌

手臂、手腕和手掌

拉伸步骤

1. 双膝跪地。
2. 弯曲腕部并将手背放在地上，双手与肩同宽。
3. 双手手指朝向膝盖。
4. 保持双肘打直，后倾，朝脚跟方向下压臀部，保持手背放在地上。

拉伸的肌肉

拉伸最大的肌肉：肱桡肌、桡侧腕短伸肌、挠侧腕长伸机、尺侧腕伸肌

拉伸较小的肌肉：旋后肌、肱肌、肱二头肌、指总伸肌、拇短伸肌、拇长伸肌、拇长展肌

拉伸说明

伸肌的紧绷是网球肘或手臂运动期间肘外侧疼痛的主要原因。这种紧绷通常是由于过度使用或拉紧这些肌肉所导致的。因此，任何使用这些肌肉的活动都可能导致过度使用、高张和紧绷，例如使用键盘、使用球拍、划船、举重、轮椅运动和攀岩。过度使用拇长伸肌、拇短伸肌或拇长展肌，也可能导致所谓的鼓手麻痹症（主要是拇长伸肌）和迪魁文氏综合征（主要是拇短伸肌和拇长展肌）的情况。初级拉伸最适合具有小范围腕部运动或使用腕部时剧痛的人。但是，一旦获得了更大的运动范围，就应该进行此中级拉伸，以减少过度使用腕伸肌所引起的问题。此拉伸将加强已磨损的肌肉，预防进一步的问题。

双手离膝盖越近，越容易保持手背接触地面。但是双手离膝盖越远，施加的拉伸就越大。

变化动作

桡侧腕偏向肌和伸肌拉伸

通过改变手指的朝向，可改变对前臂肌肉的拉伸重点。例如，可同时拉伸腕伸肌和桡侧偏向肌。首先，保持最初的位置，双膝跪地，弯曲腕部并将手背放在地上。第二，不将手指朝向膝盖，而旋转双手，让手指朝向内侧（双手手指相对）。最后，通过后倾（朝脚跟方向下压臀部），并保持手背放在地上来拉伸肌肉。

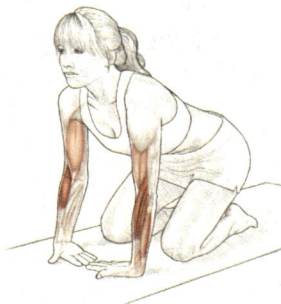

变化动作

尺侧腕偏向肌和伸肌拉伸

如果改变手指的朝向，可改变对前臂肌肉的拉伸重点。要同时拉伸腕伸肌和尺侧偏向肌，首先保持最初的位置，双膝跪地，弯曲腕部并将手腕放在地上。第二，不将手指朝向膝盖，而旋转双手，让手指朝向外侧（手指朝向身体两侧，朝向与身体中线垂直）。最后，通过后倾（朝脚跟方向下压臀部），并保持手背放在地上来拉伸肌肉。

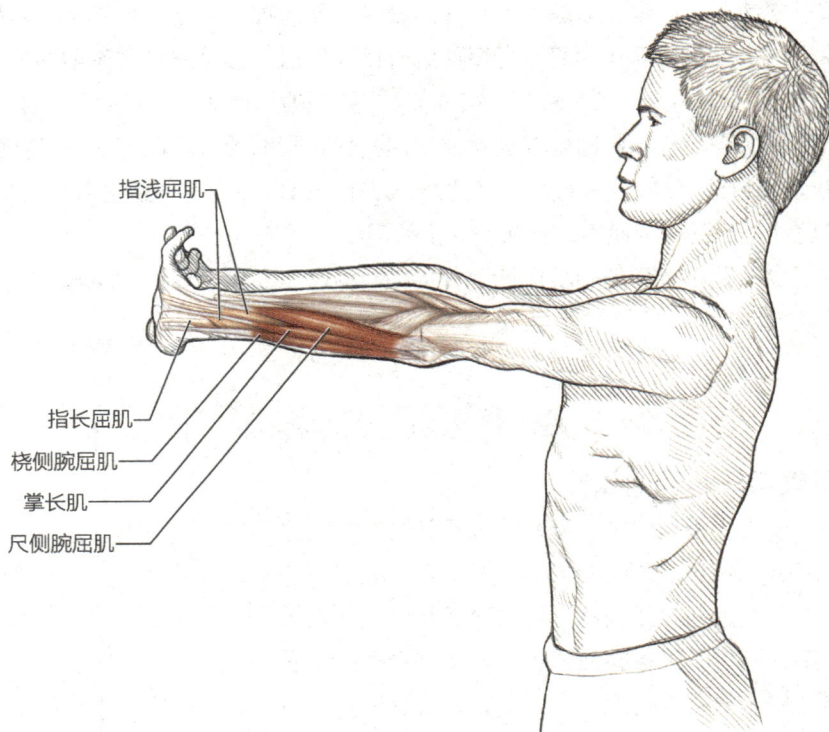

指浅屈肌

指长屈肌

桡侧腕屈肌

掌长肌

尺侧腕屈肌

拉伸步骤

1. 站立，双脚与肩同宽，脚尖朝前。

2. 十指交叉，手掌朝向远离身体的一侧。

3. 手臂与肩等高，伸直肘部并尽可能向前推手掌。

拉伸的肌肉

拉伸最大的肌肉： 桡侧腕屈肌、尺侧腕屈肌、旋前圆肌、掌长肌

拉伸较小的肌肉： 指长屈肌、指深屈肌、指浅屈肌

拉伸说明

在不舒适的位置反复使用手臂或手腕，或者在打字、使用手机或操作机器时弯曲手腕，很容易导致屈肌变紧。工作时保持手臂远离身体或做体育运动，也可能带来其他问题。这种紧绷可能导致肘内侧疼痛，这种疼痛常常被称为高尔夫球肘。做任何这些活动的时间越长，肌肉紧张的风险就越高，拉伸这些肌肉的需求也就越高。

中级腕屈肌拉伸

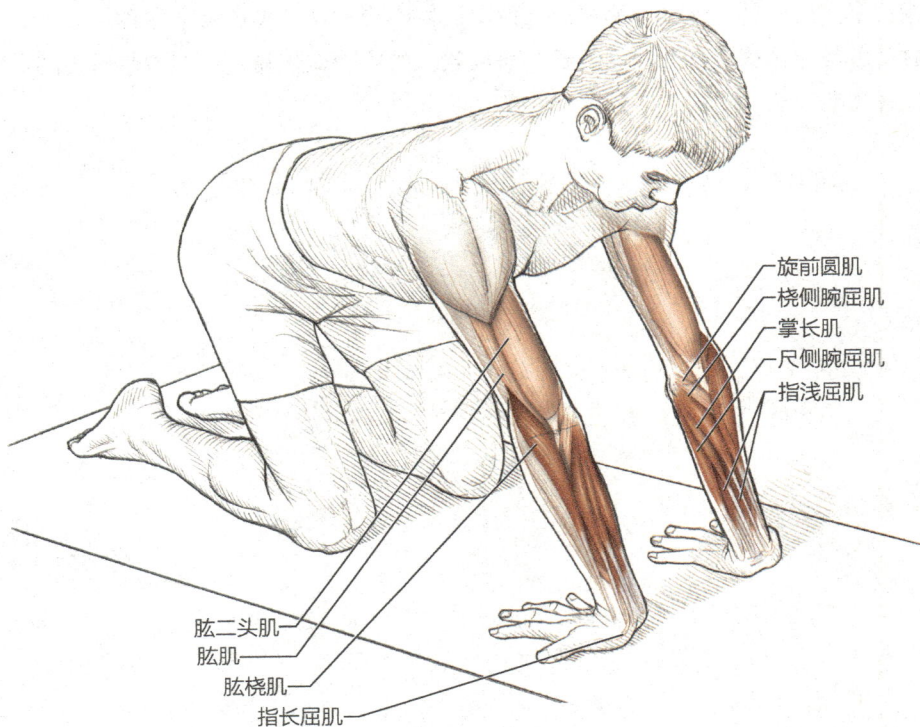

旋前圆肌
桡侧腕屈肌
掌长肌
尺侧腕屈肌
指浅屈肌

肱二头肌
肱肌
肱桡肌
指长屈肌

拉伸步骤

1. 双膝跪地。

2. 弯曲双手手腕并将手掌放在地上，双手与肩同宽。

3. 双手手指朝向膝盖。

4. 保持双肘伸直，后倾（朝脚跟方向下压臀部），保持手掌放在地上。

拉伸的肌肉

拉伸最大的肌肉：肱桡肌、桡侧腕屈肌、尺侧腕屈肌、指深屈肌、指浅屈肌、掌长肌

拉伸较小的肌肉：小指短屈肌、指长屈肌、旋前圆肌、肱肌、肱二头肌

拉伸说明

在不舒适的位置反复使用手臂或手腕，或者在打字、使用手机或操作机器时弯曲手腕，很容易导致屈肌变紧。工作时保持手臂远离身体或做体育运动，也可能带来其他问题。这种紧绷可能导致肘内侧疼痛，这种疼痛常常被称为高尔夫球肘。做任何这些活动的时间越长，肌肉紧张的风险就越高，拉伸这些肌肉的需求也就越大。不幸的是，初级运动仅提供了有限的拉伸。随着柔韧度增加，需要进阶到更强的拉伸，例如此中级拉伸。

双手离膝盖越近，越容易保持手掌接触地面。但是双手离膝盖越远，拉伸越大。

变化动作

桡侧腕偏向肌和屈肌拉伸

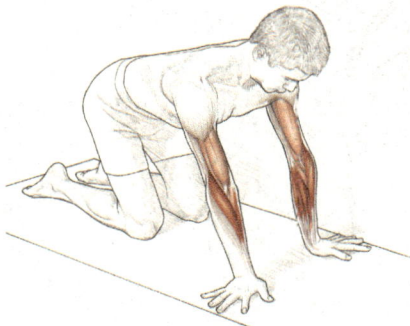

如果改变手指的朝向，可改变对前臂肌肉的拉伸重点。要同时拉伸腕屈肌和桡侧偏向肌，首先保持最初的位置，双膝跪地，弯曲腕部并将手掌放在地上。第二，不将手指朝向膝盖，而旋转双手，让手指朝向外侧（手指朝向身体两侧，朝向与身体中线垂直）。最后，通过后倾（朝脚跟方向下压臀部），并保持手掌放在地上来拉伸肌肉。

变化动作

尺侧腕偏向肌和屈肌拉伸

通过改变手指的朝向，可改变对前臂肌肉的拉伸重点。例如，腕缩肌和桡侧偏向肌可同时拉伸。首先，保持最初的位置，双膝跪地，弯曲腕部并将手掌放在地上。第二，不将手指朝向膝盖，而旋转双手，让手指朝向内侧（双手手指相对）。最后，通过后倾（朝脚跟方向下压臀部），并保持手掌放在地上来拉伸肌肉。

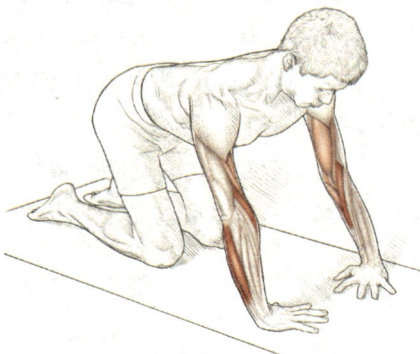

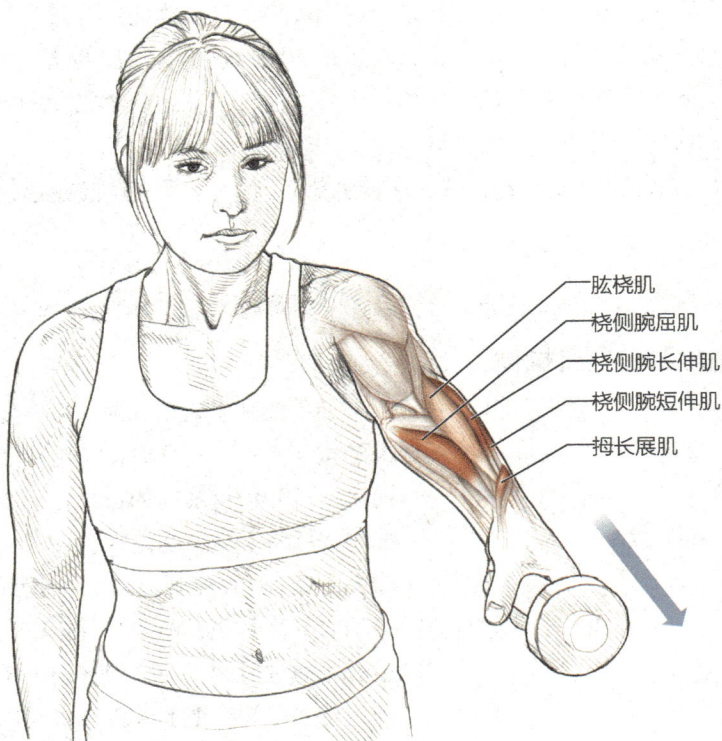

肱桡肌

桡侧腕屈肌

桡侧腕长伸肌

桡侧腕短伸肌

拇长展肌

拉伸步骤

1. 站立，双脚与肩同宽，脚尖朝前。

2. 左手抓住一个只有一端装有铁块的较轻哑铃，将重的一端伸出到拇指以外。

3. 左臂在肩膀的高度向前方伸出，保持肘部伸直，旋转前臂，使左手拇指侧朝上。

4. 向下弯曲手腕，让哑铃重的一端更加远离身体，而不是朝上。

5. 对另一只手臂重复这些步骤。

拉伸的肌肉

拉伸最大的肌肉： 拇长展肌、桡侧腕屈肌、桡侧腕长伸肌、挠侧腕短伸机

拉伸较小的肌肉： 肱桡肌

拉伸说明

许多需要在每天几小时的重复动作中使用腕部的活动，例如，过长时间的计算机工作，或者打网球、高尔夫球、棒球、保龄球和骑山地自行车，都会迫使腕关节处于其运动范围的极限，使这一区域容易紧绷或高张。如果没有充分的休息和恢复，拉小提琴或钢琴所涉及的有限的重复性动作也可能导致紧绷。另外，在一些简单、普通的活动中也可能损伤腕部，例如，擦洗水壶、高举椅子或在不舒适的位置举起小物体。许多与这些活动关联的紧绷、疼痛和损伤，都可通过拉伸桡侧腕偏向肌来减轻。

注意，不要使用太重的哑铃。首先从一端装有极轻铁块的哑铃开始，随着更加习惯此拉伸而逐步增加重量。事实上，完全可以不使用哑铃，使用任何在手柄的一端较轻的物体均可，例如榔头。另外，此拉伸可坐着或站着完成，将整个手臂横放在平面上，手腕和手掌伸出平面的边缘。如果使用了支撑，可尝试保持肩部角度接近 90°。

手臂、手腕和手掌

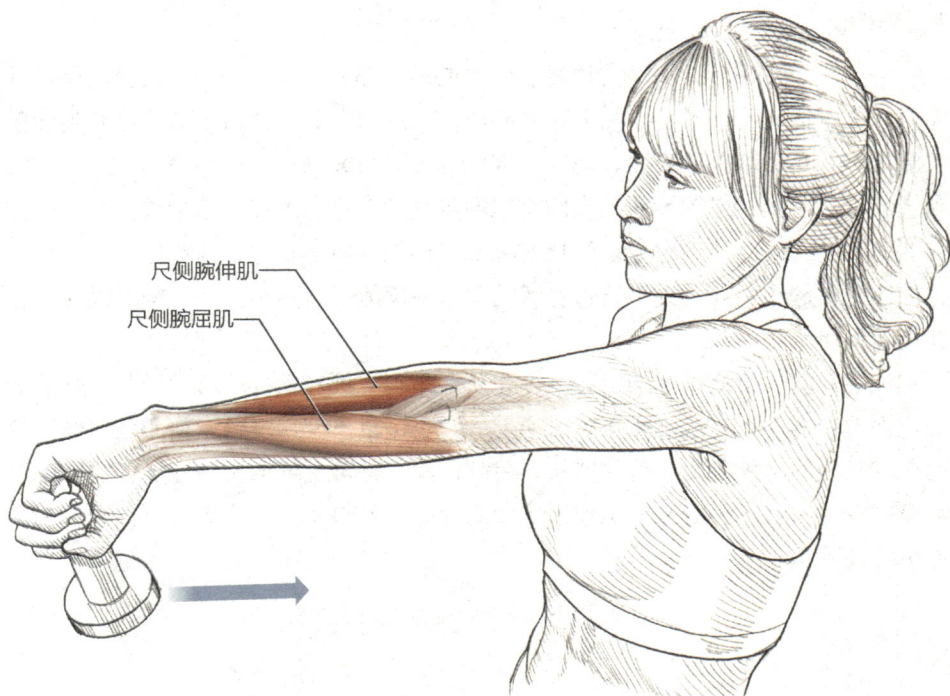

尺侧腕伸肌

尺侧腕屈肌

拉伸步骤

1. 站立，双脚与肩同宽，脚尖朝前。

2. 左手抓住一个只有一端装有铁块的较轻哑铃，将重的一端伸出到拇指以外。

3. 左臂在肩膀的高度向前方伸出，保持肘部伸直，旋转前臂，使左手拇指侧朝下。

4. 向下弯曲手腕，让哑铃重的一端更朝向身体，而不是朝下。

5. 对另一只手臂重复这些步骤。

拉伸的肌肉

拉伸最大的肌肉： 尺侧腕伸肌

拉伸较小的肌肉： 尺侧腕屈肌

拉伸说明

许多需要在每天几小时的重复动作中使用腕部的活动，例如，过长时间的计算机工作，或者打网球、高尔夫球、棒球、保龄球和骑山地自行车，都会迫使腕关节处于其运动范围的极限，使这一区域出现紧绷或高张。如果没有充分的休息和恢复，拉小提琴或钢琴所涉及的有限的重复性动作也可能导致紧绷。另外，在一些简单的普通活动中也可能损伤腕部，例如，擦洗水壶、高举椅子或在不舒适的位置举起小物体。许多与这些活动关联的紧绷、疼痛和损伤，都可通过拉伸尺侧腕伸肌来减轻。

不要使用太重的哑铃。首先从一端装有非常轻的铁块的哑铃开始，随着更加习惯此拉伸而逐步增加重量。事实上，进行此拉伸运动可以完全不需要使用哑铃，使用任何在手柄的一端较轻的物体均可，如榔头。另外，此拉伸可坐着或站着完成，将整个手臂横放在平面上，手腕和手掌伸出平面的边缘。如果使用了支撑，可尝试保持肩部角度接近 90°。

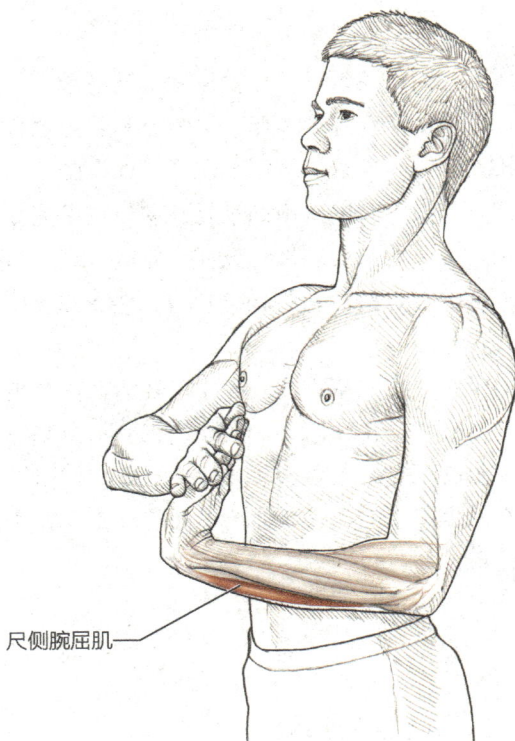

尺侧腕屈肌—

手臂、手腕和手掌

拉伸步骤

1. 坐着或站立。

2. 将肘部弯曲 90°，尽可能伸展手腕。

3. 将手指朝上。

4. 用右手朝左手肘部方向推左手手指。

5. 对另一只手臂重复这些步骤。

拉伸的肌肉

拉伸最大的肌肉：桡侧腕屈肌、尺侧腕屈肌、小指短屈肌、指深屈肌、指浅屈肌、掌长肌

拉伸较小的肌肉：指长屈肌

拉伸说明

指屈肌的紧绷和高张通常是由于握拳或弯曲手腕所引起的。睡眠时将手放在此位置，会导致屈肌群变得更紧和更短，并导致对腕管内的正中神经的撞击和损伤。在手长时间抓住某物的重复性工作中，例如捶打或攀岩，指屈肌也会变紧。由于过度使用食指，也可能发展成所谓的扳机指。另外，前臂的一些问题（例如高尔夫球肘或内上髁炎）也是紧绷的指屈肌导致的。最后，弹奏钢琴时不当的双手位置——腕部未放松，使用推的动作而不是自由弹跳的重力击键方式——可能导致指屈肌僵硬。

肘部弯曲角度不需要恰好是 90°，可选择一个舒适的角度。一些人发现完全弯曲肘部会更容易推手背。肘部完全弯曲时，推力更加朝下，而不是朝另一侧。

手臂、手腕和手掌

借助墙的指屈肌拉伸

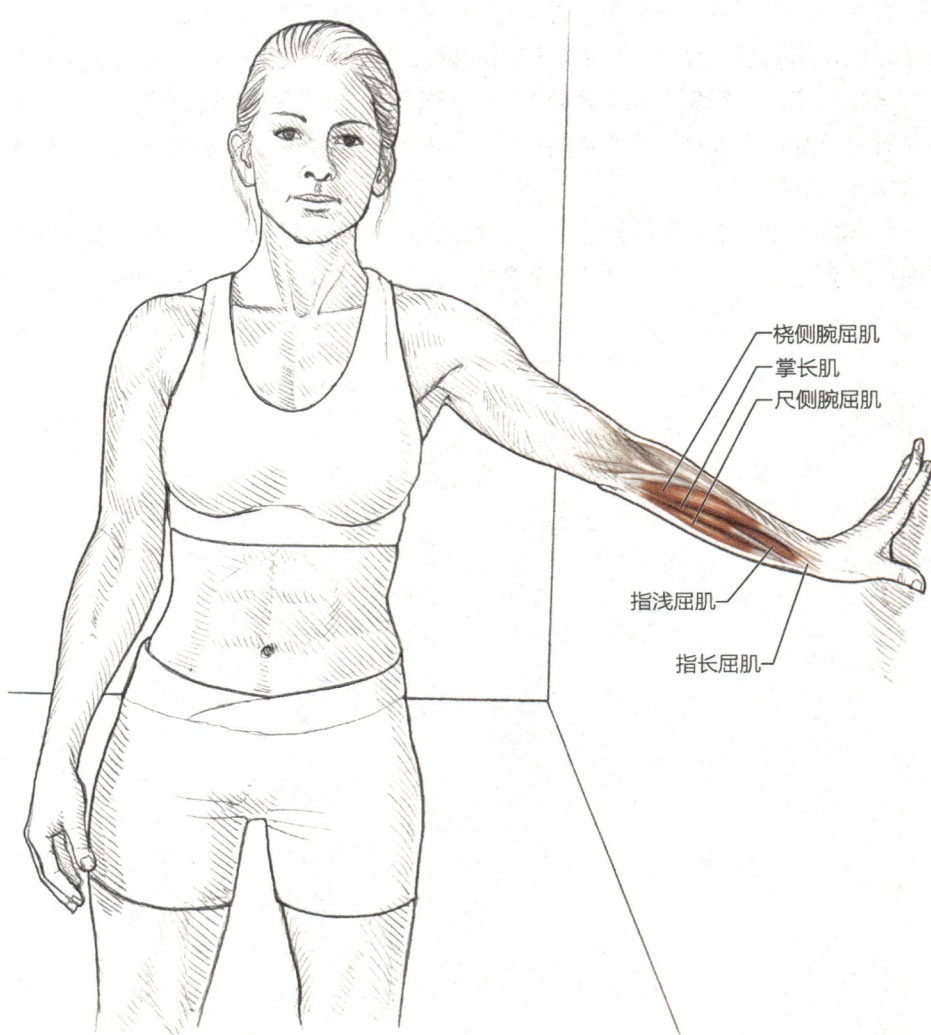

桡侧腕屈肌
掌长肌
尺侧腕屈肌

指浅屈肌

指长屈肌

拉伸步骤

1. 站立，离墙约 30 厘米。
2. 扭转身体，使左肩与墙垂直。
3. 伸出左手，将左手指放在墙上髋部与左肩中间的位置。
4. 仅保持左手指接触墙，将身体向墙倾斜。
5. 对另一只手臂重复这些步骤。

拉伸的肌肉

拉伸最大的肌肉：桡侧腕屈肌、尺侧腕屈肌、小指短屈肌、指深屈肌、指浅屈肌、掌长肌

拉伸较小的肌肉：指长屈肌

拉伸说明

指屈肌的紧绷和高张通常是由于握拳或弯曲手腕所引起的。睡眠时将手放在此位置，会导致屈肌群变得更紧和更短，并导致对腕管内的正中神经的撞击和损伤。在手长时间抓住某物的重复性工作中，例如捶打或攀岩，指屈肌也会变紧。由于过度使用食指，也可能发展成所谓的扳机指。另外，前臂的一些问题（例如高尔夫球肘或内上髁炎）也是紧绷的指屈肌导致的。最后，弹奏钢琴时不当的双手位置——腕部未放松，使用推的动作而不是自由弹跳的重力击键方式——可能导致指屈肌僵硬。

手指相对于髋部的初始高度无关紧要。应从一个容易保持平衡，同时仍能对肌肉施予拉伸张力的位置开始。随着逐步适应此拉伸，你可能发现有必要改变手指高度来获得想要的拉伸张力。

指伸肌拉伸

手臂、手腕和手掌

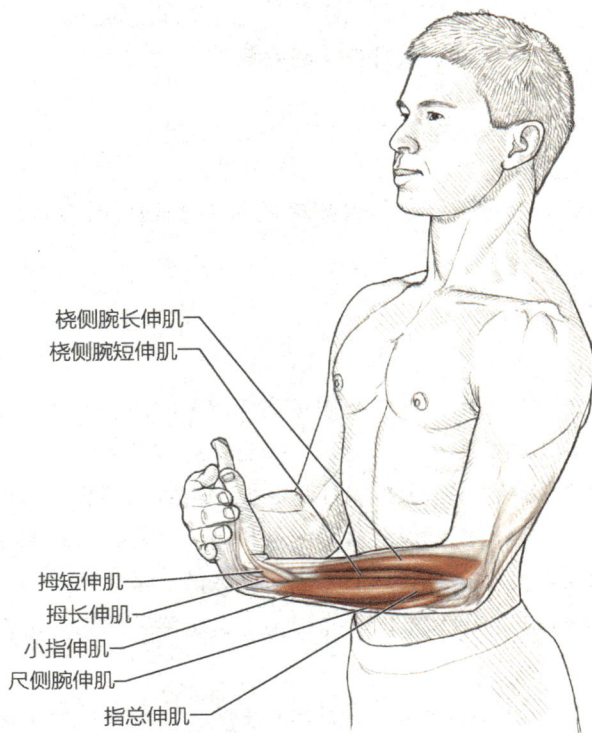

桡侧腕长伸肌
桡侧腕短伸肌

拇短伸肌
拇长伸肌
小指伸肌
尺侧腕伸肌
指总伸肌

拉伸步骤

1. 坐着或站立。

2. 旋转左臂，使左手掌朝上。将左肘弯曲 90°。

3. 将左腕弯曲 90°。弯曲左手手指，使它们朝向左腕。

4. 将右手放在左手指上，朝左前臂方向按压左手指。

5. 对另一只手臂重复这些步骤。

拉伸的肌肉

拉伸最大的肌肉：桡侧腕短伸肌、桡侧腕长伸肌、尺侧腕伸肌、指总伸肌、小指伸肌、食指伸肌

拉伸较小的肌肉：拇短伸肌、拇长伸肌

拉伸说明

肘伸肌的紧绷也是网球肘或手臂运动期间肘外侧疼痛的主要原因。这种紧绷通常是由于过度使用或拉紧这些肌肉所导致的。因此，任何使用这些肌肉的活动都可能导致过度使用、高张和紧绷，例如，使用键盘、使用球拍、划船、举重、轮椅运动和攀岩。另外，过度使用拇长伸肌、拇短伸肌或拇长展肌，也可能导致所谓的鼓手麻痹症（主要是拇长伸肌）和迪魁文氏综合症（主要是拇短伸肌和拇长展肌）等情况。通过进行此拉伸运动，可帮助减轻过度使用腕伸肌可能引起的问题。紧绷的桡侧腕长伸肌或挠侧腕短伸机也可能导致相应的肌腱炎症，进而导致腕部桡侧疼痛或交叉综合症。通过进行此拉伸运动，有助于减少过度使用指伸肌所导致的问题。最后，主动伸展手指的能力还被用作中风患者手臂功能恢复的可靠的早期预测指标。因此，在中风后拉伸指伸肌对康复过程很有帮助。

可通过弯曲手指（例如握拳）来增加拉伸的幅度。另外，肘部弯曲角度不需要恰好是90°。可选择一个舒适的角度。一些人发现完全弯曲肘部更容易推手背。肘部完全弯曲时，推力更加朝下，而不是朝向另一侧。

手臂、手腕和手掌

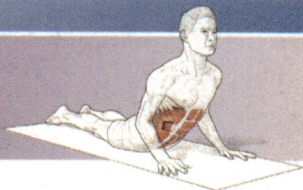

第 4 章

躯干下部

1 2 节胸椎、5 节腰椎、骶骨、肋骨和腰骨，连同关联的肌肉和韧带，构成了躯干的灵活框架。脊椎和其他骨头、肌肉和韧带协同来支撑和移动躯干。与颈部一样，躯干的椎体（椭圆形的骨头）由后侧和前侧的韧带，以及其他一些韧带来连接，这些韧带将每个多刺的横突（侧面的骨隆突）连接到邻近椎骨上的相应部分。此外，每节椎骨由一个椎间盘分隔。椎骨对椎间盘的压迫，使躯干可以在有限的运动范围内向前、向后和向侧面移动。

躯干运动包括弯曲（将胸部和大腿朝相对方向移动）、伸展（将胸部和大腿朝相反方向移动）、完全伸展（将躯干从站立位朝后移动）、侧向屈伸（肩膀向一侧倾斜）和旋转。

因为躯干中的许多肌肉都是左右成对的，所以侧屈、侧伸和扭转会牵连到所有这些肌肉。例如，右侧外斜肌和腹内斜肌有助于执行右侧屈，左侧外斜肌和腹内斜肌有助于执行右侧伸。躯干下部运动牵连的一些肌肉位于腰骨与脊柱或胸腔之间。

外斜肌、内斜肌、腹部的腹直肌（图 4.1）和腰方肌（图 4.2a）通过朝骨盆方向拉动胸腔来弯曲躯干。髂肌（图 4.2b）是一块躯干屈肌，它朝骨盆方向拉动股骨（大腿骨）。腰大肌是另一块躯干屈肌，它朝股骨方向拉动脊柱。主要的躯干伸肌（腰髂肋肌、胸最长肌和胸棘肌）

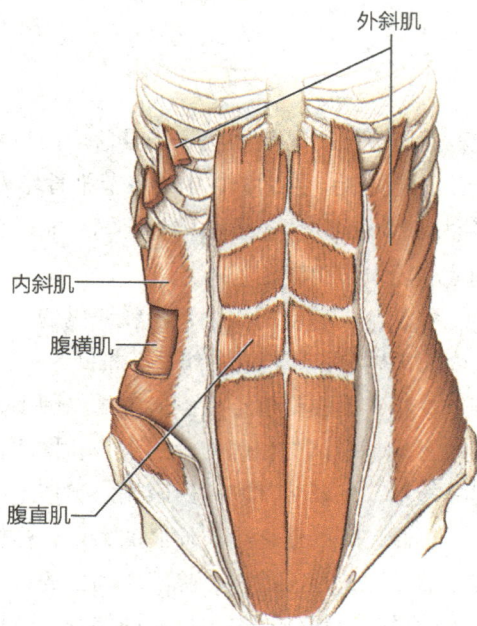

图 4.1 腹肌

外斜肌

内斜肌

腹横肌

腹直肌

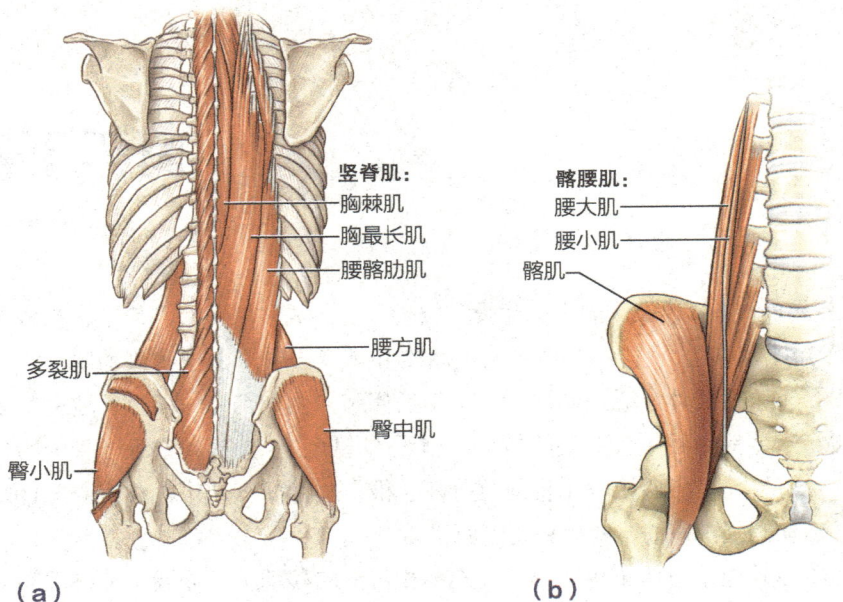

竖脊肌：
胸棘肌
胸最长肌
腰髂肋肌

多裂肌

臀小肌

腰方肌

臀中肌

髂腰肌：
腰大肌
腰小肌

髂肌

（a）   （b）

图4.2 核心肌群：(a) 后侧；(b) 前侧

统称为竖脊肌。腰髂肋肌位于骨盆后侧与脊柱后侧之间，而胸最长肌和胸棘肌沿脊柱后侧伸展，帮助脊柱中的各节椎骨作为一个整体来运动。棘间肌、横突间肌、多裂肌和回旋肌位于各个椎骨之间，通过在各对或各组椎骨之间进行小幅度调整来造成较大的动作。

　　限制躯干移动的因素包括收缩肌的力量、对抗韧带的僵硬度、非收缩肌的僵硬度、椎体与相邻椎骨的组合、椎间盘的可压迫性，以及各身体部位之间的接触。例如，躯干前屈受躯干后侧肌肉的僵硬度、躯干后侧韧带的僵硬度、躯干后侧肌肉的力量、椎体与相邻椎骨的组合、椎间盘后侧部分的可压迫性、下巴或胸腔与腿的接触，以及腹部脂肪所限制。类似地，躯干后仰受躯干后侧肌肉的僵硬度、躯干后侧韧带的僵硬度、伸肌的力量、椎体与相邻椎骨的组合，以及椎间盘后侧部分的可压迫性所控制。除了所列出的影响屈伸的因素，躯干横向运动还受每个椎骨的横突对相邻横突的撞击的控制。转体受脊柱韧带的僵硬度、旋转侧的肌肉力量、另一侧的肌肉力量，以及身体组织和它们的大小所限制。例如，向左转体受微弱的左侧肌肉和致密的右侧肌肉限制。

　　许多背部肌肉僵硬的人发现，拉伸有助于减轻一些疼痛。背部肌肉或躯干伸肌不是影响背部疼痛的唯一躯干下部肌肉。人们常常发现后仰（躯干过伸）可减轻背部疼痛，因为此动作可拉伸腹肌、躯干屈肌。这表明柔韧的躯干屈肌也很重要。而且，许多体育运动都需要旋转身体，例如高尔夫球、网球和投掷运动。旋转身体涉及到躯干伸肌、屈肌和侧屈肌。改善所有躯干下部肌肉的动作范围，可增加转体的动作范围，从而提高在涉及这些动作的运动中的表现。

　　腰背部的过伸（后仰）和过屈（弯腰）具有潜在的危险，尤其是如果腹部、大腿和臀部肌肉过于松弛时。后翻滚动作可能对颈椎（颈部）很危险。潜在的损伤包括过度挤压椎间盘，脊柱关节相互挤压，以及箍缩从腰椎伸出的脊神经。如果选择进行这些拉伸，需要比其他大部分拉伸动作更加渐进地增强拉伸强度。另外，要在后翻滚期间避免压迫颈部，可保持肩胛骨与地面接触。

　　过度拉伸（非常难的拉伸）弊大于利。有时过度拉伸会使肌肉变僵硬。过度拉伸可能减小肌张力，而身体会通过让松弛的肌肉过度紧绷来进行代偿。对于每次进阶，从最不僵硬的位置开始，在经过几天拉伸后，如果在运动中始终未遇到僵硬情况时，才能进阶到下一个阶段。这意味着应同时拉伸收缩肌和拮抗肌。另外请记住，尽管可能只是一个方向（右侧或左侧）上比较僵硬，但是仍应拉伸两侧，以保持恰当的肌肉平衡。

　　本章中介绍的许多拉伸针对的都是身体左侧，身体右侧可采用类似但相反的过程。本章中的拉伸是很好的整体拉伸，但不是所有这些拉伸都完全适合每个人的要求。要拉伸特定的肌肉，拉伸必须涉及与目标肌肉的运动方向相反的一种或多种运动。例如，如果想要拉伸左侧外斜肌，可执行一种涉及躯干伸展和躯干向右侧屈的运动。肌肉具有较高的僵硬度时，拉伸应逐渐展开。例如，要拉伸一块非常紧的外斜肌，首先仅进行躯干伸展；随着肌肉变松，可增加更多的同时反向运动。

仰卧躯干下部屈肌拉伸

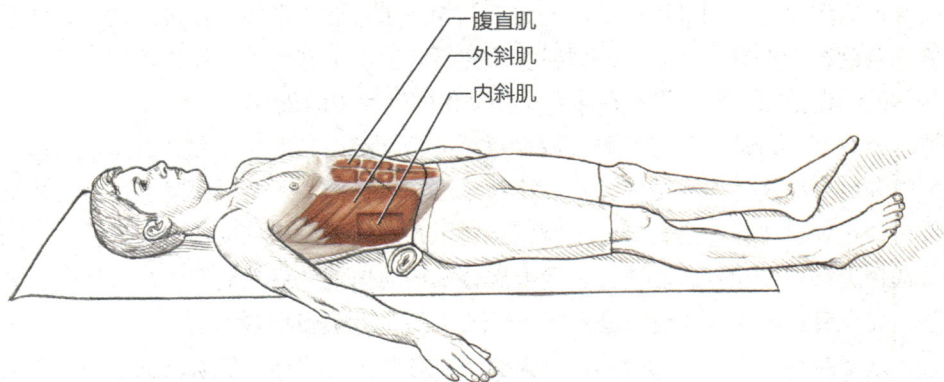

腹直肌
外斜肌
内斜肌

拉伸步骤

1. 仰卧在地面上。
2. 在腰背部与地面之间放一条卷起来的毛巾（直径 2.5 到 5 厘米）。

拉伸的肌肉

拉伸最大的肌肉：腹直肌、外斜肌、内斜肌

拉伸较小的肌肉：腰方肌、腰大肌、髂肌

拉伸说明

　　尽管许多人认为拥有紧绷的腹肌能改善整体的体形，但紧绷的腹肌可能给身体带来非常大的副作用。首先，紧绷的腹肌是腰背部疼痛的主要原因。腹肌紧绷时，这些肌肉会向上拉耻骨，并导致骨盆顶部后倾。随着时间的推移，上背部肌肉将会松弛和过度拉长，导致腰部曲线变平，这会增加对腰椎关节和椎间盘的压迫。经常拉伸和压迫这些椎间盘会导致慢性疼痛。此外，腹部肌肉紧张时，腹腔和盆腔的容积将减小。这会对腹腔内的器官形成压迫，迫使它们朝胸腔移动，进而减小胸腔的容积。结果，呼吸、消化、排泄和性功能都会受到妨碍。最后，在腹肌紧绷的情况下运动可能导致扭伤、撕裂以及疝气。

特别推荐腰椎前凸或腹肌松弛的人做此拉伸，因为弓起腰背部对这些人具有潜在的危险。因为在此运动中腰背部得到了支撑，所以减少了对脊柱的压力。但是，背部支撑的宽度很重要。毛巾卷直径越大，减少的压力越大。确保上背部、肩胛骨和臀部舒适地放在地上。另外，推挤臀部将减少对腰背部的压力。

俯卧躯干下部屈肌拉伸

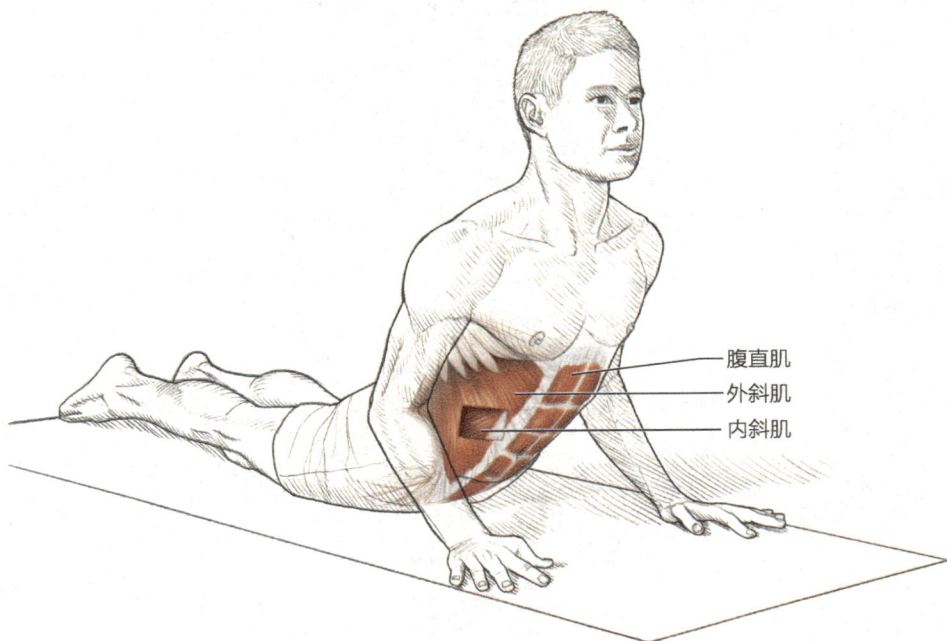

腹直肌
外斜肌
内斜肌

拉伸步骤

1. 俯卧在地上（面朝下）。
2. 将双手掌放在地上。十指从每侧髋部位置朝前。
3. 缓慢地弓起背部，收缩臀部。
4. 随着将头和胸部抬离地面，继续弓起背部，不要耸肩。

拉伸的肌肉

拉伸最大的肌肉：腹直肌、外斜肌、内斜肌
拉伸较小的肌肉：腰方肌、腰大肌、髂肌、回旋肌、横突间肌

拉伸说明

长时间驾车或坐在桌旁的人可能向前倾，弯曲上背，这也会拉紧腹肌。拥有紧绷的腹肌相当于穿上了收腹衣。这种对腹腔和盆腔的压迫可能导致背部肌肉退化，限制呼吸，以及妨碍内脏的工作。这些肌肉紧张时，隔膜无法下降，胸腔无法扩张。呼吸不畅可能导致慢性疲劳、抑郁、哮喘，以及其他由于血氧不足导致的后果。另外，腹腔中的器官在有限的空间内无法有效工作。肾脏和膀胱功能可能减弱。子宫可能下垂。可能增加对前列腺的压迫和减少流往前列腺的血流。

记住，弓起腰背部可能很危险，尤其是如果腹肌松弛。弓起腰背部的损伤包括过度挤压椎间盘、挤伤脊柱关节和压缩从腰椎伸出的脊神经。因此，仅推荐肌肉非常僵硬的人做此拉伸。做此拉伸时，最低限度地弓起背部，确保在弓起时推挤臀部。推挤臀部会减少对腰背部的压迫。

站姿躯干下部屈肌拉伸

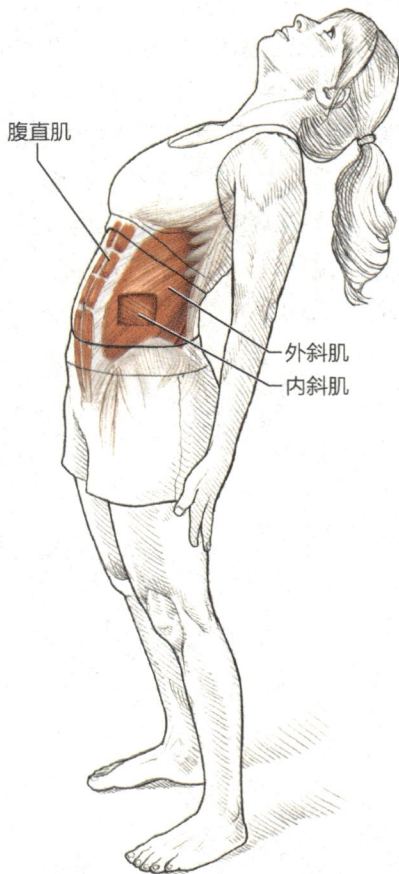

腹直肌

外斜肌
内斜肌

拉伸步骤

1. 站立，两腿分开 60 到 90 厘米，双手放在臀部。
2. 缓慢弓起后背，收缩臀部并上推髋部。
3. 随着继续弓起背部，后仰头部，并将双手从臀部向大腿下滑。

拉伸的肌肉

拉伸最大的肌肉：腹直肌、外斜肌、内斜肌

拉伸较小的肌肉：腰方肌、腰大肌、髂肌

拉伸说明

此运动可能很危险，尤其是对于腰椎前凸或腹肌松弛的人。此运动可能加剧腰椎前凸，导致过度挤压椎间盘、挤伤脊柱关节和压迫从腰椎伸出的脊神经。仅推荐肌肉非常僵硬且没有腰椎前凸的人做此拉伸。另外，仅在其他腰背部屈肌拉伸无法带来任何改善时做此运动。做此拉伸时，最低限度地弓起背部，确保在弓背时推挤臀部。推挤臀部会减少对腰背部的压迫。

躯干下部

坐姿躯干下部伸肌拉伸

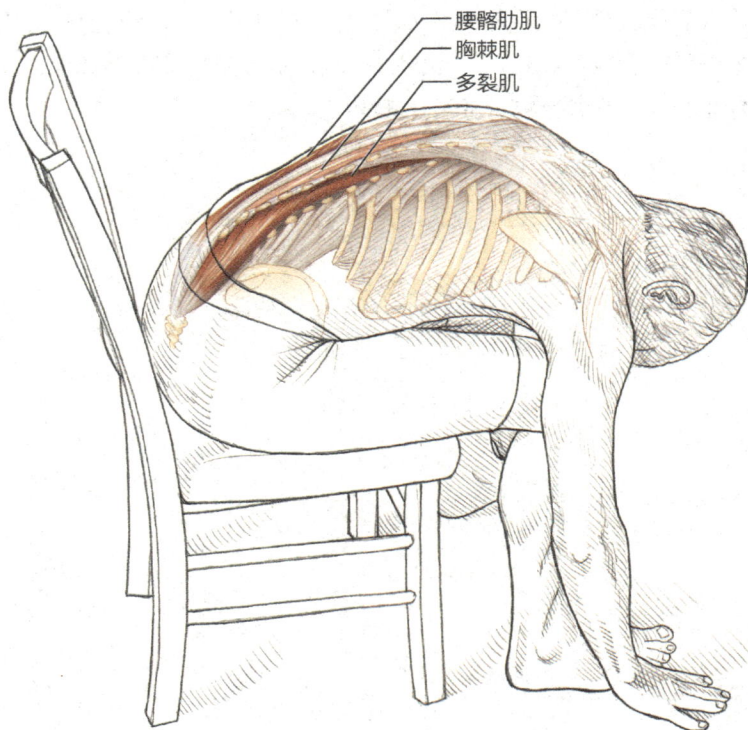

腰髂肋肌
胸棘肌
多裂肌

拉伸步骤

1. 端坐在椅子上，双腿分开。
2. 缓慢地下弯上背部并开始前倾。
3. 继续弯曲腰部，将头部和腹部降低到双腿之间和大腿下方。

拉伸的肌肉

拉伸最大的肌肉： 腰髂肋肌、多裂肌

拉伸较小的肌肉： 棘间肌、回旋肌、胸棘肌

拉伸说明

如果姿势错误，简单的日常活动都可能导致背部肌肉紧张，例如清扫房屋、打理花园、举起重物和运动。不当的姿势包括低头垂肩地坐在椅子上，站在不平的位置，以及在举重时让膝盖绷直。所有这些动作都可能导致肌肉紧张，过度使用或过度拉伸背部肌肉。背部肌肉紧张的另外两个常见原因是有意识的心理压力和潜意识下压抑的情绪。压力会导致背部肌肉在或战或逃反应中紧绷，进而过度使用这些肌肉，从而削弱了肌肉对脊柱的支撑。在短期内，背部拉伸运动可通过减轻压力来减少这些问题。从长远来讲，这些运动会让背部肌肉更强和更长，从而减少过度使用和过度拉伸的几率。

记住，过屈可能损伤脊髓。做此运动时，缓慢地运动，不要让背部变直。另外，如果臀部抬离椅子，拉伸效果会显著减小。

变化动作

坐姿躯干下部伸肌和侧屈肌拉伸

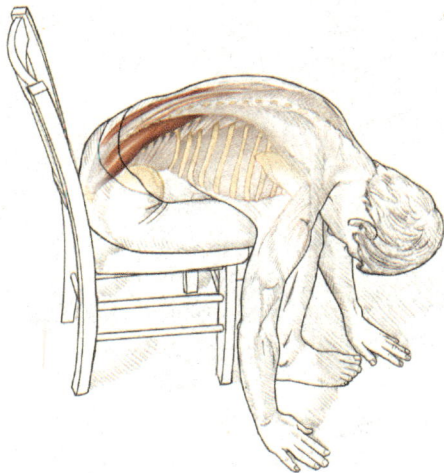

将头部朝一个膝盖弯曲将增加躯干下部伸肌的拉伸，并可在一定程度上拉伸一些侧屈肌。端坐在椅子上，双腿分开。缓慢地下弯上背部并开始前倾。前倾过程中，继续弯曲腰部，将头部和腹部朝右侧膝盖下压。最后，缓慢地将头部下压到右侧膝盖下方。向左侧膝盖重复此过程。

躺姿躯干下部伸肌拉伸

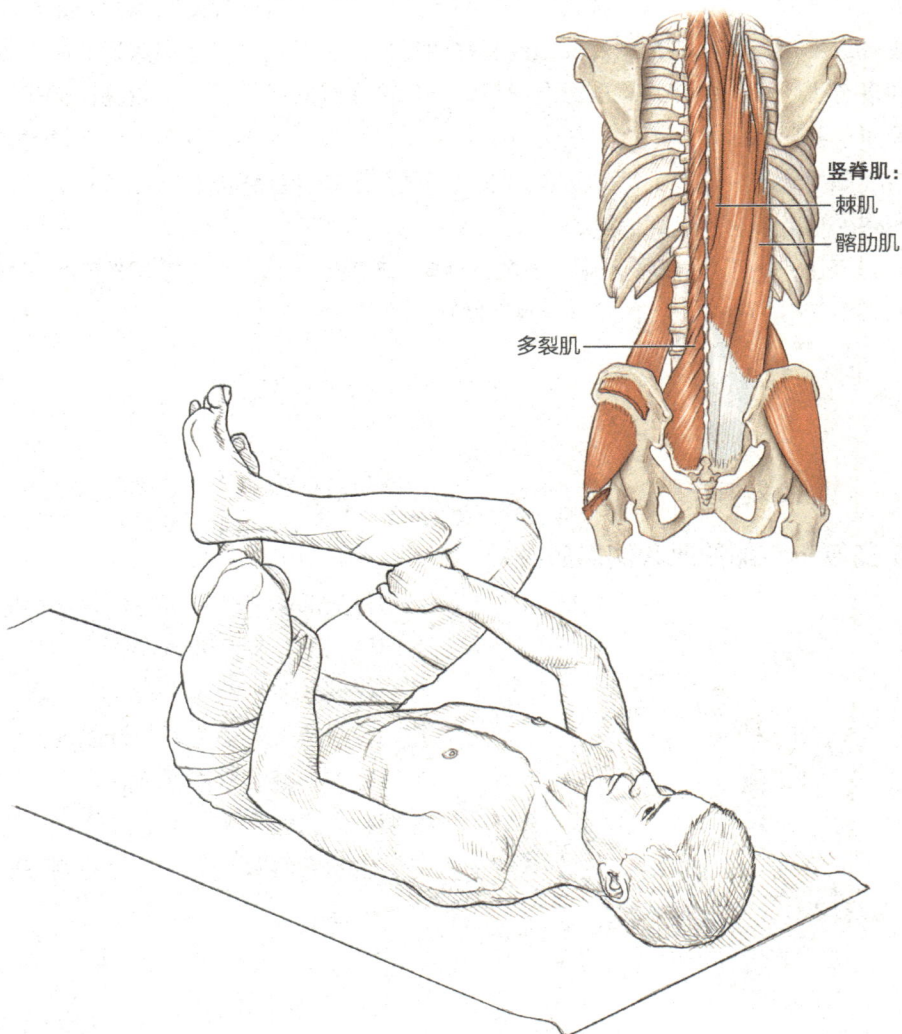

竖脊肌：
棘肌
髂肋肌

多裂肌

拉伸步骤

1. 仰躺在地上，伸开双腿。

2. 弯曲膝盖和髋部，将膝盖向胸部方向下压。

3. 双脚在脚踝处交叉，分开双膝，使它们至少与肩同宽。

4. 抓住膝盖的大腿内侧，将双腿向胸部方向向下拉动。

拉伸的肌肉

拉伸最大的肌肉： 腰髂肋肌、多裂肌

拉伸较小的肌肉： 棘间肌、回旋肌、胸棘肌

拉伸说明

一些人发现，执行坐姿躯干下部伸肌拉伸时，他们无法在不收缩背部肌肉的情况下缓慢前倾。在执行拉伸时保持肌肉收缩，会显著减小拉伸效果。因为双腿比躯干更轻，所以这些人可能发现躺着更容易做此拉伸。另外，因为过屈可能损伤脊髓，此拉伸可能比坐姿躯干下部伸肌拉伸更安全。进行躺姿躯干下部伸肌拉伸时，更容易缓慢地进行而不让背部伸直。通过将双腿向胸部下压，可轻松地将臀部抬离地面，使脊柱弯曲以预防背部变直。最后，不要尝试将双膝朝胸下方下压得太远（不要尝试将膝盖接触地面），因为这可能消除此拉伸的安全优势。

躯干下部

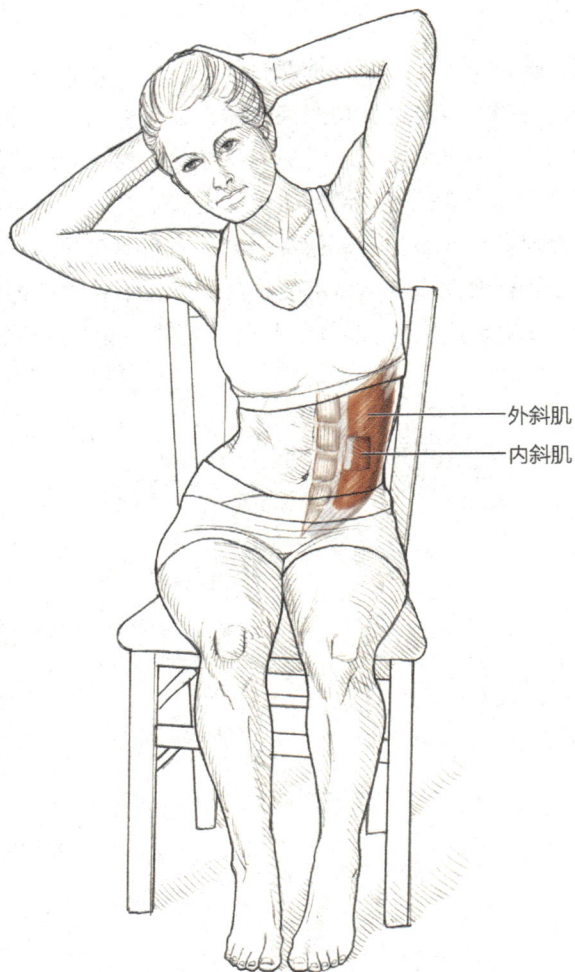

外斜肌
内斜肌

拉伸步骤

1. 端坐在椅子上。
2. 交叉双手并放于头后，双肘在一条与肩部平行的直线上。
3. 保持双肘靠后且在一条直线上，向侧面弯曲腰部，并朝右髋部移动右肘。
4. 对另一侧重复这些步骤。

拉伸的肌肉

拉伸最大的肌肉：外斜肌、内斜肌、回旋肌

拉伸较小的肌肉：横突间肌、多裂肌、腰方肌

拉伸说明

研究表明，无法进行侧屈是周期性非特异性腰背部疼痛和损伤的一个风险指标。另外，在最大距离或力度上执行头顶动作的运动员需要柔韧的侧屈肌，例如棒球运动员、足球四分位和标枪运动员，侧屈肌对头顶拉伸（例如球拍运动中的发球和扣球）和在手抬到尽可能高时（例如篮球运动中的扣篮或排球运动中的扣球）也很重要。体操运动员、现代舞和芭蕾舞蹈者，以及潜水员都需要这些肌肉保持柔韧。此外，紧绷的侧屈肌可能导致某种形式的脊柱侧凸。腰方肌唯一的动作是侧屈，这块肌肉的紧绷会导致脊柱失去横向稳定性，从而导致脊柱向左或右弯曲。

腰部的屈伸将减少此拉伸的效果。另外，保持臀部和大腿与椅子完全接触。肘部离地面越近，越难在椅子上坐稳。将小腿和足部缠绕在椅腿上，将有助于保持臀部和大腿与座位的接触。

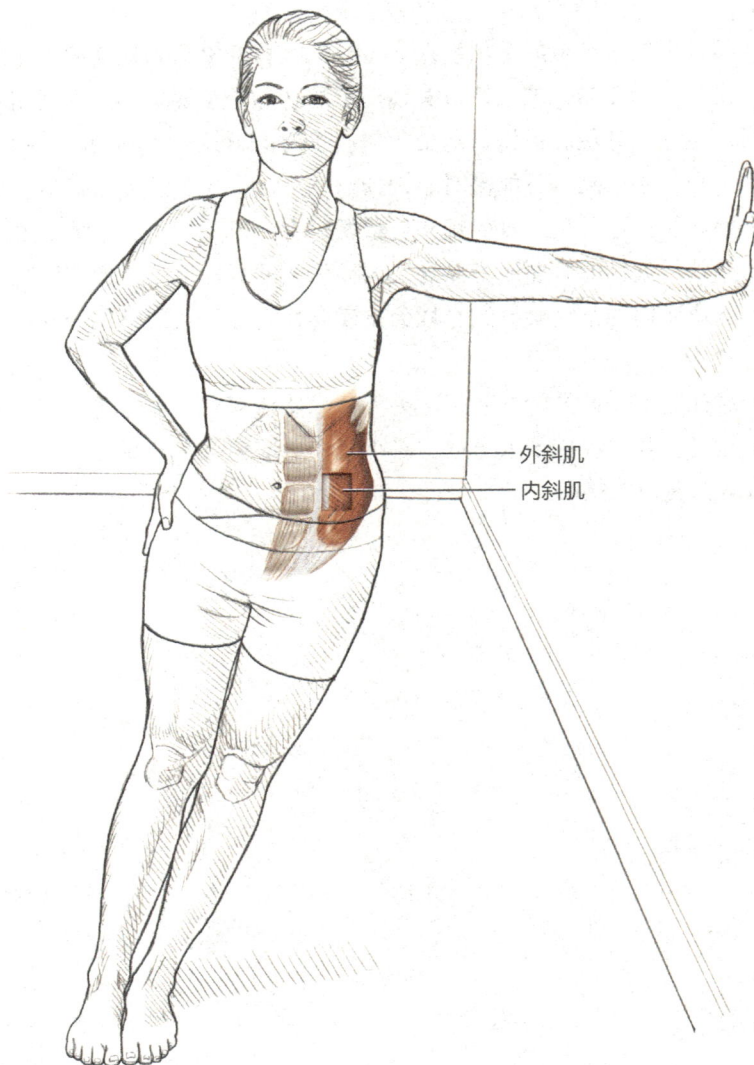

外斜肌

内斜肌

拉伸步骤

1. 站立，双足并拢，身体左侧面向一面墙，离墙约一臂距离。
2. 将左手手掌放在墙上与肩等高的位置。将右手掌跟放在髋关节上。
3. 保持双腿伸直，收缩臀部，朝墙的方向轻微地旋转髋部。
4. 用右手朝墙的方向推右髋部。
5. 对另一侧重复这些步骤。

拉伸的肌肉

拉伸最大的肌肉： 外斜肌、内斜肌、回旋肌

拉伸较小的肌肉： 横突间肌、多裂肌、腰方肌

拉伸说明

许多运动都依赖于躯干侧屈。因为许多这样的运动压迫身体一侧比另一侧更多，所以身体的两侧很容易变得不平衡。活动的一侧可能由于过度使用而变得紧绷。如果未使用的一侧长时间不使用，肌肉可能变短。举重也可能导致身体两侧不平衡，尤其是如果一侧强壮得多；参与武术和足球等身体会受到强力打击的运动也可能导致不平衡。此运动比初级躯干下部侧屈肌拉伸更适合恢复柔韧性，因为人处于与上述体育运动相似的站立位置。

做此运动时很容易失去平衡，所以请站在防滑的地面上。保持左臂打直，但不要让肘部紧绷。通过将让双脚远离墙壁，将左前臂而不是左手（或将二者都）放在墙上，可增加拉伸量。

高级站姿躯干下部侧屈肌拉伸

躯干下部

拉伸步骤

1. 站立，双腿分开 60 到 90 厘米，右脚在左脚前方约 30 厘米处。

2. 将双手放在右髋部附近。

3. 缓慢地弓起背部，收缩臀部并前推髋部。

4. 随着继续弓起背部，向左侧旋转躯干，朝右后侧扭头。

5. 将双手滑过右臀部，滑向右腿。

6. 对另一侧重复这些步骤。

拉伸的肌肉

拉伸最大的肌肉：腹直肌、左侧外斜肌、左侧内斜肌

拉伸较小的肌肉：腰方肌、腰大肌、髂肌、回旋肌、横突间肌

拉伸说明

此运动可能很危险，尤其是对于腰椎前凸或腹肌松弛的人。此运动可能加剧腰椎前凸，导致过度挤压椎间盘、挤伤脊柱关节和压迫从腰椎伸出的脊神经。仅推荐肌肉非常僵硬且没有腰椎前凸的人做此拉伸。另外，仅在其他腰背部屈肌拉伸无法带来任何改善时做此运动。做此拉伸时，最低限度地弓起背部，确保在弓背时推挤臀部。推挤臀部会减少对腰背部的压迫。最后，在做此运动时很容易失去平衡，所以一定要小心。

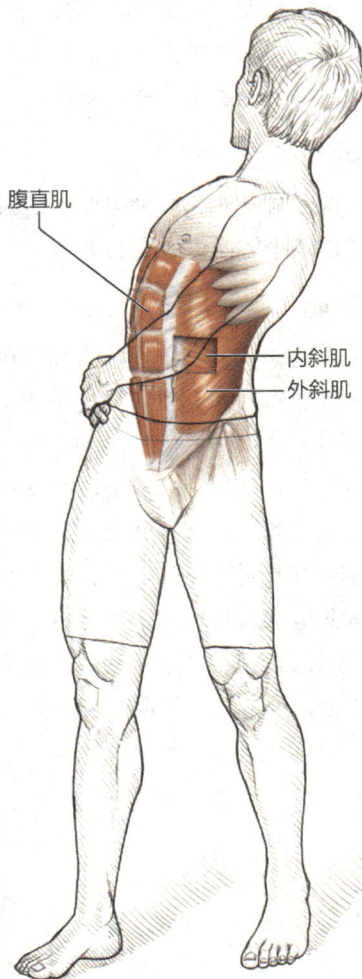

腹直肌

内斜肌

外斜肌

第 5 章

髋部

骨盆和股骨形成了身体髋部区域的骨架结构。股骨头嵌入到髋臼窝中（骨盆中的一个凹槽）从而形成髋关节。这个球窝关节允许人体完成身体中最大范围的动作。此关节的运动包括髋部的屈曲、伸展、外展、内收，以及内旋转和外旋转。围绕髋关节的是一些大而强壮的肌群，它们帮助我们完成日常活动中必要的下肢运动。

多块肌肉以及一些围绕髋关节的重要韧带为髋部提供了强有力的支撑。圆韧带将股骨头与骨盆的髋臼窝相连，让它们结合在一起。髂股韧带、坐股韧带和耻骨韧带提供了额外的支撑，使股骨头在所有日常活动中牢固、舒适且紧密地停留在髋臼窝中。髋臼唇位于髋臼窝边缘，以加深髋关节腔，进而为髋关节提供额外的支撑。所有这些结构相组合，为髋关节提供了保护，并使它非常强壮，且能够满足各种肌肉运动需求。

几乎所有髋部肌肉（图 5.1）都位于髋骨与股骨（大腿骨）之间，只有两块肌肉除外。这两块肌肉是腰大肌和梨状肌，它们位于腰背部脊柱与股骨之间。移动髋关节的肌肉包括身体中一些最大的肌肉（大收肌和臀大肌）和一些最小的肌肉（上孖肌和下孖肌）。前侧（正面）肌肉——腰大肌、髂肌、股直肌和缝匠肌——弯曲髋部，在行走时用来向前摆动腿。后侧（背面）肌肉——臀大肌、股二头肌、半膜肌和半腱肌——负责在行走时向后摆动腿。大腿内侧的一组大型肌肉（短收肌、大收肌、长收肌、股薄肌和耻骨肌）保持双腿位于躯干下方的中央。大腿外侧的一组小型肌肉（臀中肌、臀小肌、梨状肌、上孖肌、下孖肌、闭孔内肌、闭孔外肌、股方肌和阔筋膜张肌）将两腿向两侧张开。另一个包含 75% 以上髋部肌肉的肌群是髋部外旋肌群，包含臀大肌、臀中肌、臀小肌、梨状肌、上孖肌、闭孔内肌、下孖肌、闭孔外肌、股方肌、腰大肌、髂肌、股直肌、缝匠肌、短收肌、大收肌、长收肌和耻骨肌。

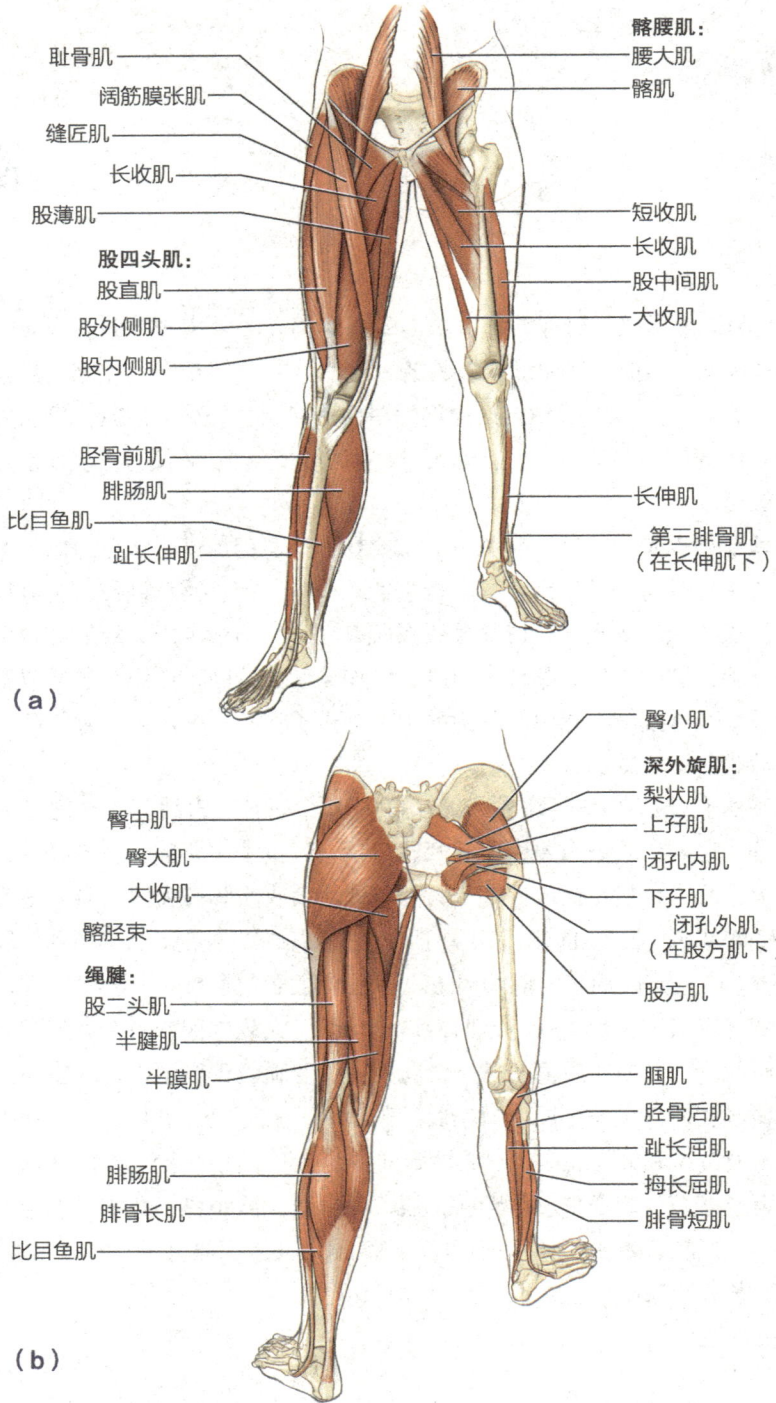

耻骨肌
阔筋膜张肌
缝匠肌
长收肌
股薄肌

股四头肌：
股直肌
股外侧肌
股内侧肌

胫骨前肌
腓肠肌
比目鱼肌
趾长伸肌

髂腰肌：
腰大肌
髂肌

短收肌
长收肌
股中间肌
大收肌

长伸肌
第三腓骨肌
（在长伸肌下）

（a）

臀小肌

深外旋肌：
梨状肌
上孖肌
闭孔内肌
下孖肌
闭孔外肌
（在股方肌下）
股方肌

臀中肌
臀大肌
大收肌
髂胫束

绳腱：
股二头肌
半腱肌
半膜肌

腓肠肌
腓骨长肌
比目鱼肌

腘肌
胫骨后肌
趾长屈肌
拇长屈肌
腓骨短肌

（b）

图 5.1 下肢的肌肉：(a) 前侧；(b) 后侧

　　髋部的活动范围或自由度依赖于多个因素，包括骨骼结构，肌肉力量，肌肉组织、肌腱和韧带的僵硬度，以及解剖学限制。对于髋部弯曲，活动范围受髋屈肌力量、股后肌群的僵硬度和腿与腹部的接触所限制。伸展受髋伸肌的力量，以及围绕这个球窝关节的髋屈肌和韧带的僵硬度影响。髋部外展不仅受内收肌的力量和僵硬度的限制，还受耻股韧带和髂股韧带的僵硬度，以及股骨颈和髋臼窝边缘的骨接触所限制。另一方面，髋部内收受内收肌的力量和外展肌的僵硬度，以及髂股韧带和骨端（capitate）韧带的僵硬度的限制。除了收缩肌的肌肉力量和拮抗肌的僵硬度，内旋还受髂股韧带和坐股韧带的限制，而外旋还受髂股韧带的张力限制。

　　柔韧性与身体整体功能的关系比以往我们所认为的要更密切。例如，柔韧性下降是身体老化的指标之一。身体活动减少也会导致柔韧性下降。随着人们变老以及身体活动减少，他们必须不断拉伸肌群，以保持关节的可动性和运动范围。髋部区域位于身体中部，所以这个区域的问题可能延伸影响到身体的其他许多部分。可通过更加关注肌肉力量和关节柔韧性，减少甚至预防许多髋部问题。

　　例如，髋部或臀部区域的疼痛常常与髋部的柔韧性太差有关系。在沿陡坡或斜坡向上或向下跑步或徒步行走后，特别容易出现此情况。在活动后一两天内发生的髋部疼痛是由于大量使用了髋部外旋肌群，对肌肉及肌肉内外的连接组织形成损伤所导致的。不幸的是，髋部外旋肌群很小并且通常很脆弱，因此在典型的力量训练活动中无法加强。所以在活动之前和之后拉伸这些肌肉，可能有助于减少这种痛苦，并增加它们的力量。此外，髋部外旋肌群是拉伸最小的下肢肌肉，这或许是因为这些肌群也是最难拉伸的。我们都容易忽略身体中的这些地方，而这些地方常常是问题最多的。不过，集中地拉伸这些僵硬且酸痛的肌群并不困难。

　　本书中的髋部拉伸根据拉伸了哪些肌群来分组。此外，又按最容易到最困难的顺序列出和介绍这些拉伸。首先介绍髋屈肌的拉伸，然后介绍髋伸肌、髋内收肌和髋外旋肌的拉伸，在每个类别中按这种从最简单到最难的顺序介绍。新参加一种拉伸计划的人可能柔韧度不够，应从最容易的拉伸级别开始。参与者应在确信他能够进阶到下一个级别时，才进阶到此计划中更困难的拉伸运动。有关详细的拉伸说明，请参阅第 9 章中的拉伸计划信息。

　　另外推荐从不同的牵拉角度探索本书中的拉伸。通过稍微调整身体部位的位置，例如手或躯干，可改变对肌肉的拉动。此方法是发现特定肌肉中何处紧绷和酸痛的最佳方式。在拉伸时探索不同的角度，还可增加拉伸计划的灵活性。

　　本章中介绍的许多操作说明和插图针对的都是身体右侧。身体左侧可采用类似但相反的过程。本章中的拉伸是很好的整体拉伸，但不是所有这些拉伸都完全适合每个人的需要。通常来讲，要有效地拉伸特定的肌肉，拉伸必须涉及与目标肌肉的运动方向相反的一种或多种运动。例如，如果想要拉伸右侧大收肌，可执行一种涉及右腿伸展、内旋和外展的运动。当肌肉具有较高的僵硬度时，应进行较少的同时反向运动。例如，要拉伸一块非常紧的大收肌，首先仅进行髋部外展；随着肌肉变松，可进行更多的同时反向运动。

髋和背伸肌拉伸

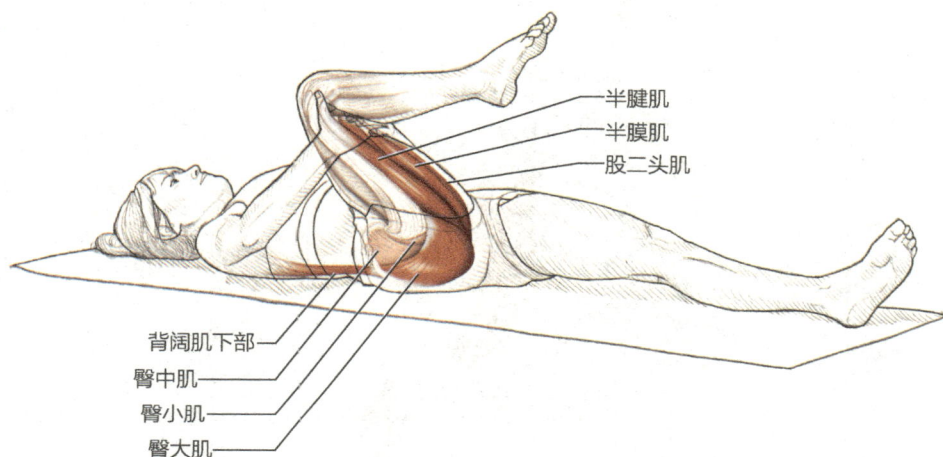

半腱肌
半膜肌
股二头肌

背阔肌下部
臀中肌
臀小肌
臀大肌

拉伸步骤

1. 仰躺在舒适的地面上。
2. 弯曲右膝，将它朝胸部方向拉动。
3. 保持左腿放平，双手抓住右膝内侧弯，尽可能朝胸部方向拉动。
4. 对另一条腿重复此拉伸。

拉伸的肌肉

拉伸最大的肌肉： 臀大肌、竖脊肌、背阔肌下部、半腱肌、半膜肌、股二头肌
拉伸较小的肌肉： 臀中肌、臀小肌

拉伸说明

对于腰背部和骨盆或髋部疼痛的人，这是另一种很有帮助且很有效的拉伸。骨盆区的疼痛常常是肌肉酸痛导致的，而且在肌肉酸痛时，人们常常也会感觉到肌肉僵硬。存在此情况的人倾向于限制受影响的肌肉的运动范围，从而避免出现疼痛感。因此，正常的日常活动可能受到显著影响。存在此情况的人不应避免运动，应尝试专门运动和拉伸受伤的肌肉。做此髋和背伸肌拉伸将增加这些肌群的柔韧性和力量，进而帮助减少未来损伤的几率（或严重性）。

对于热身运动，推荐首先同时运动双腿。热身之后，一次将一只膝盖朝胸部方向拉动。此外，朝腋窝方向拉动膝盖将能发挥此拉伸的最大效果。

初级坐姿髋外旋肌拉伸

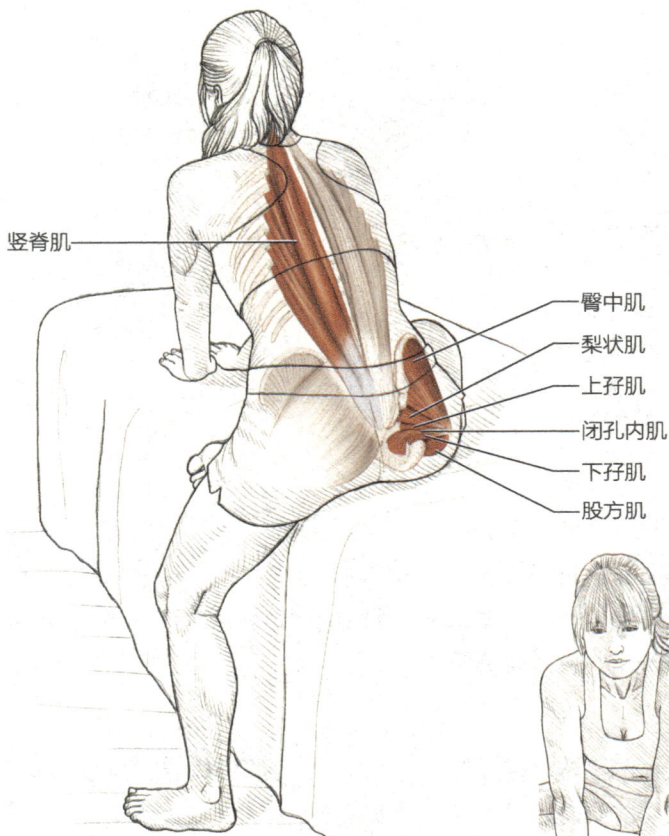

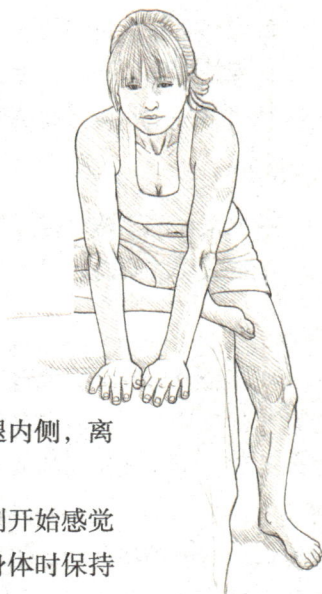

竖脊肌————

————臀中肌
————梨状肌
————上孖肌
————闭孔内肌
————下孖肌
————股方肌

拉伸步骤

1. 坐在沙发上。

2. 在髋部位置旋转右腿，拉动右足以平放在左腿内侧，离骨盆区域尽可能近。右小腿应尽可能平放在沙发上。

3. 朝右（弯曲的）膝尽可能远地弯曲躯干，直到开始感觉到轻微的拉伸（轻微的疼痛）。如果可能，在弯曲身体时保持左膝下垂。

4. 弯曲躯干时，将双臂伸出到右足前。

5. 对另一条腿重复此拉伸。

拉伸的肌肉

拉伸最大的右侧肌肉： 臀大肌、臀中肌、臀小肌、梨状肌、上孖肌、下孖肌、闭孔外肌、闭孔内肌、股方肌

拉伸最大的左侧肌肉： 竖脊肌、背阔肌下部

拉伸说明

此拉伸是髋外旋肌拉伸的最低压力版本，因此是首先使用的最佳拉伸。较小的髋外旋肌位于髋关节外后侧，在臀大肌下方。如果感觉这里稍微有点紧或酸痛，尤其是在行走、跑步或攀爬之后，可使用这种低强度拉伸来减轻在这些活动期间施加在这些肌肉上的压力。任何时候朝外旋转髋部时都会使用这些肌肉，例如行走和跑步时。如果外旋肌不够强壮或柔韧，它们很容易酸痛和紧绷。

这种特定的拉伸很容易坐在沙发或床上完成，而且它是最容易对这些肌群执行的拉伸之一。采用坐姿执行此拉伸运动，右腿平放在沙发上并弯曲 90° 或更小的角度，左腿下垂，这是一种放松姿势。如果不够柔韧或刚开始执行拉伸计划，最好在开始拉伸时将右膝放在弯曲较小的位置（大于 90°），然后随着柔韧性改善，逐步加大弯曲幅度。请记住从髋部向前弯曲躯干。保持背部打直也很有用；执行此拉伸时不要弯腰驼背。

中级坐姿髋外旋肌和伸肌拉伸

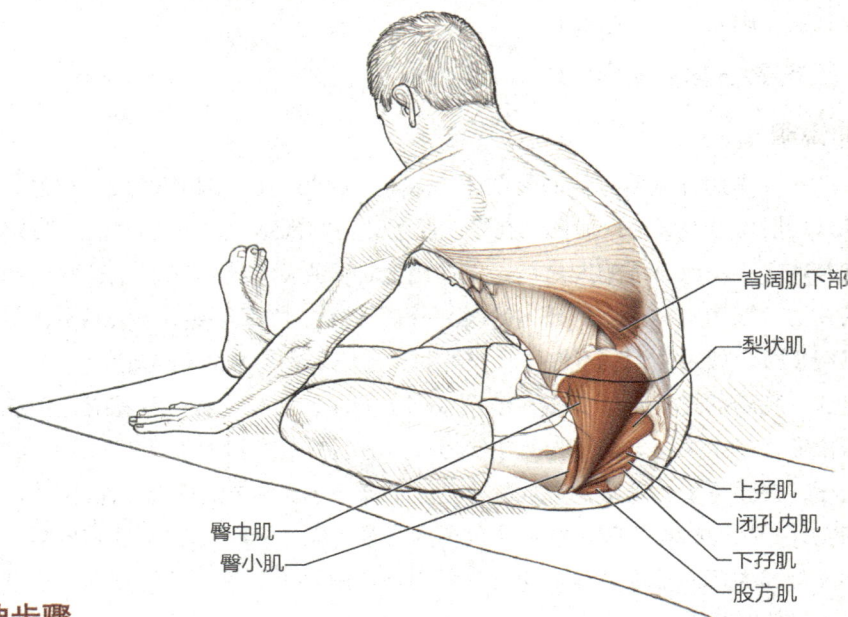

背阔肌下部

梨状肌

上孖肌

闭孔内肌

下孖肌

股方肌

臀中肌

臀小肌

拉伸步骤

1. 坐着，右腿向前方伸直。弯曲左膝并将左足平放在右腿内侧，离骨盆区域尽可能近。将双手放在大腿旁边的地上。

2. 保持躯干打直，从髋关节朝右膝（伸直的膝盖）弯曲躯干，直到开始感觉到轻微的拉伸（轻微的疼痛）。如果可能，在俯身时保持右膝放在地上。朝右足方向伸出双臂。

3. 对另一条腿重复此拉伸。

拉伸的肌肉

拉伸最大的左侧肌肉： 臀中肌、臀小肌、梨状肌、上孖肌、下孖肌、闭孔外肌、闭孔内肌、股方肌、竖脊肌、背阔肌下部

拉伸最大的右侧肌肉： 半腱肌、半膜肌、股二头肌、臀大肌、腓肠肌

拉伸较小的右侧肌肉： 比目鱼肌、跖肌

拉伸说明

髋外旋肌在拉伸运动中常常被忽视。在棒球、足球和曲棍球等运动中过度使用这些肌肉，可能导致这一区域酸痛、紧绷甚至受伤。此外，较差的柔韧性通常会导致更低质量的表现。运动参与者会执行大量横步动作，只要髋部外旋就会使用许多这样的肌肉。定期做此拉伸将逐步提高柔韧性和力量。

中级坐姿髋伸肌和外旋肌拉伸

　　朝左膝而不是右膝弯曲躯干，可减少对身体左侧拉伸最大的肌肉的拉伸，增加对身体右侧拉伸最大的肌肉的拉伸。坐着，将右腿朝前方伸直。弯曲左膝，将左足平放在右腿内侧，离盆骨区域尽可能近。朝左膝（弯曲的膝盖）弯曲躯干，直到开始感觉到轻微的拉伸（轻微的疼痛）。对另一条腿重复此过程。

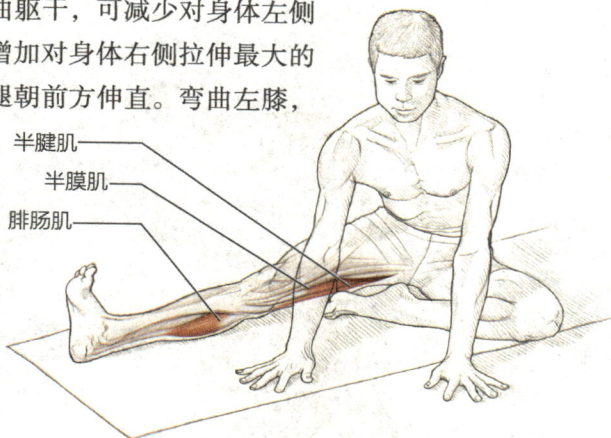

半腱肌

半膜肌

腓肠肌

髋部

中级坐姿髋外旋肌、伸肌、膝屈肌和跖屈肌拉伸

　　改变中级坐姿髋外旋肌和伸肌拉伸，以包含小腿的比目鱼肌、腘肌、趾长屈肌、拇长屈肌、后胫骨肌、腓肠肌和跖肌，用作一种组合拉伸。坐着，将右腿朝前方伸直。弯曲左膝，将左足平放在右腿内侧，离盆骨区域尽可能近。朝右膝（伸直的膝盖）弯曲躯干，直到开始感觉到轻微的拉伸（轻微的疼痛）。向前弯曲时，伸出右臂抓住右足，缓慢地朝膝盖方向拉动脚趾（背屈位置）。

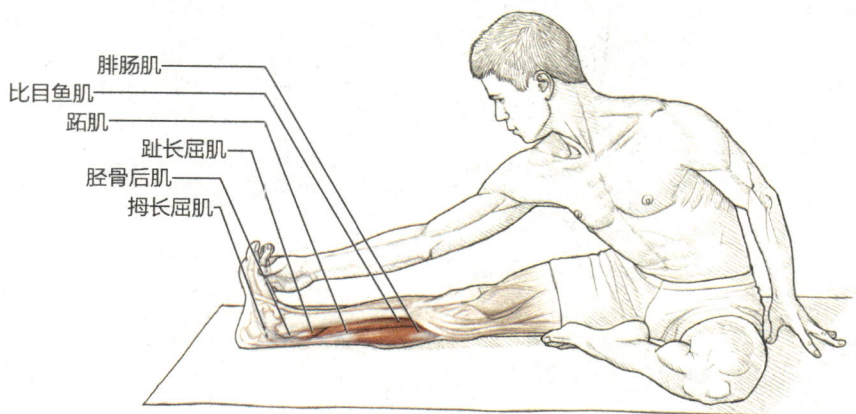

腓肠肌

比目鱼肌

跖肌

趾长屈肌

胫骨后肌

拇长屈肌

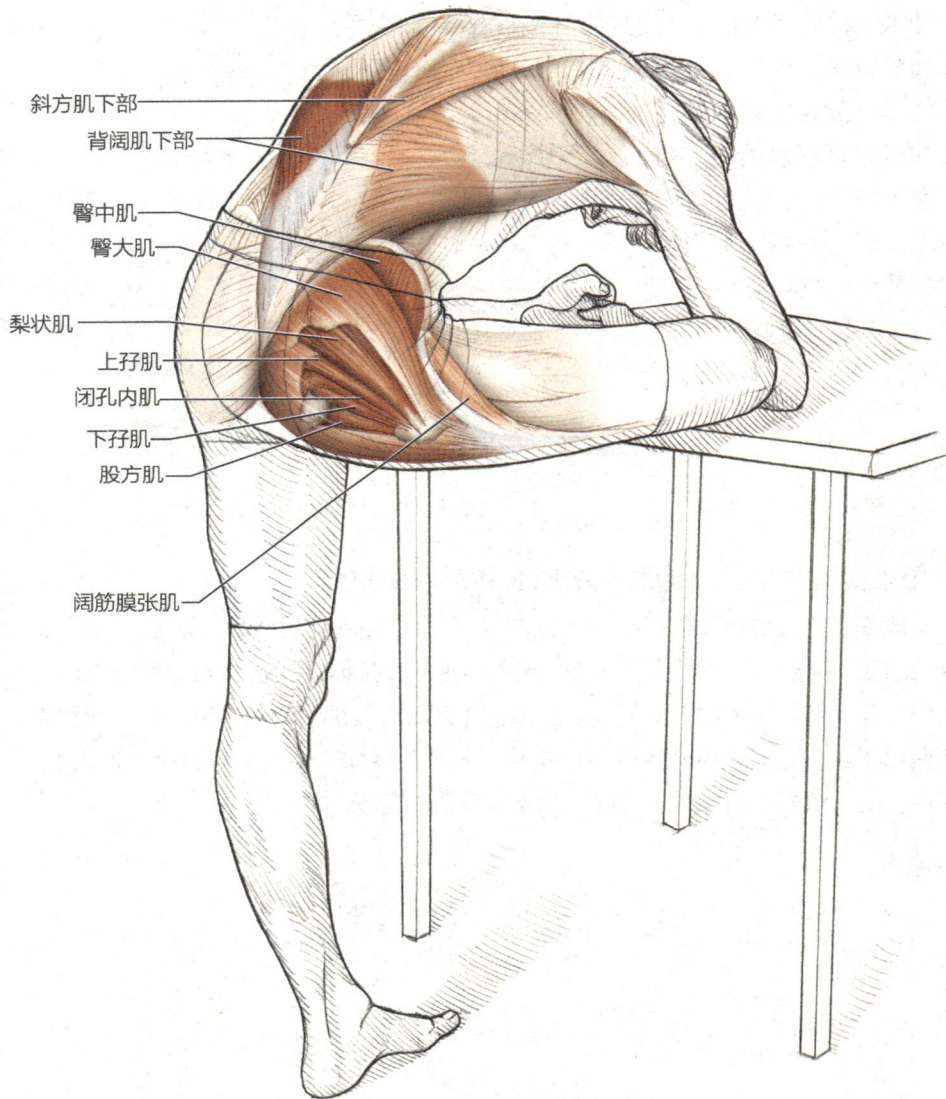

高级站姿髋外旋肌拉伸

斜方肌下部

背阔肌下部

臀中肌

臀大肌

梨状肌

上孖肌

闭孔内肌

下孖肌

股方肌

阔筋膜张肌

拉伸步骤

1. 左腿站立，膝盖打直。面朝一个支撑面，例如桌面、沙发边缘或一个与髋部齐高或稍低的横梁。

2. 在髋部位置将右腿弯曲约 90°，将其放在支撑面上。右小腿外侧尽可能平放在支撑面上。可在足部和右小腿下放一条毛巾或枕头作为缓冲。

3. 朝右足方向压低躯干，将右膝尽可能平放在支撑面上。

4. 对另一条腿重复此拉伸。

拉伸的肌肉

拉伸最大的肌肉： 臀大肌、臀中肌、臀小肌、梨状肌、上孖肌、下孖肌、闭孔外肌、闭孔内肌、股方肌、竖脊肌下部、背阔肌下部

拉伸较小的肌肉： 阔筋膜张肌、背阔肌下部、下斜方肌

拉伸说明

某些类型的运动，常常导致髋部区域大范围的酸痛或紧绷。这常常是由于在一些活动中大量使用髋外旋肌造成的，例如滑冰、轮滑或滑冰式越野滑雪运动。髋外旋肌位于臀大肌下方的髋部深层组织中。

此拉伸比本章中之前的拉伸更加高级。它是针对髋部外旋肌的最佳拉伸之一。将弯曲的右腿放在支撑面上时，确保整个小腿都置于支撑面上。这有助于将小腿放在对膝关节压力最小的位置。此外，在弯曲的腿下方放置额外的软垫，会使此拉伸更加舒适。

一定要从髋关节尽可能远地下压躯干。保持躯干打直，不要让背部弯曲。朝右膝而不是左膝弯曲躯干，可减少对身体右侧拉伸最大的肌肉的拉伸，增加对身体左侧拉伸最大的肌肉的拉伸。

此外，慢慢增加右腿放置位置的高度（可能在每隔 2 到 4 星期后增加 12 厘米）会使此拉伸更吃力。将桌面、长凳或其他表面增高到髋部上方 30 厘米，可最大限度地增加对这些肌群的拉伸。

髋部

躺姿髋外旋肌和伸肌拉伸

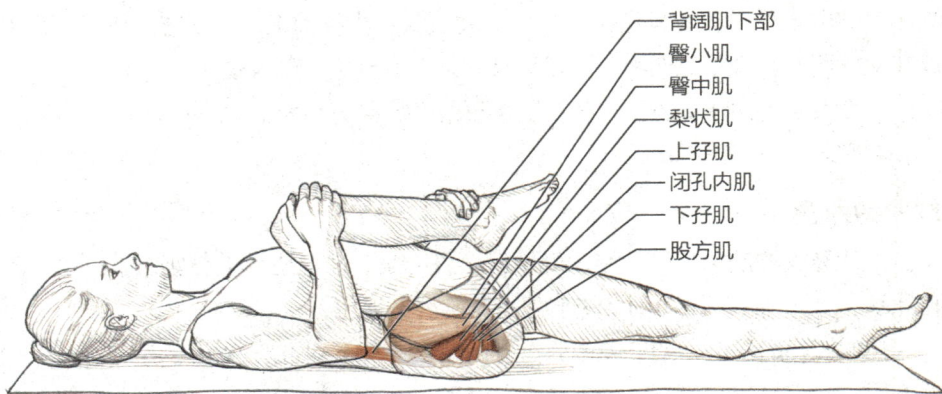

背阔肌下部
臀小肌
臀中肌
梨状肌
上孖肌
闭孔内肌
下孖肌
股方肌

拉伸步骤

1. 仰躺在舒适的地面上。

2. 向外侧旋转右腿时，弯曲右膝并将右足放在身体中线上。膝盖与胸部外侧对齐，朝向外侧。保持左腿平放，右手抓住右膝，左手抓住右踝。将小腿作为一个整体尽可能朝胸部拉动。

3. 对另一条腿重复此拉伸。

拉伸的肌肉

拉伸最大的肌肉：臀大肌、梨状肌、上孖肌、下孖肌、闭孔外肌、闭孔内肌、股方肌、背阔肌下部、竖脊肌

拉伸较小的肌肉：臀中肌、臀小肌

拉伸说明

这是髋外旋肌和髋伸肌的低压力拉伸的另一个版本。参加日常生活中不常见的活动后，或者对这些特定的肌肉施加不常见的压力时，它们可能酸痛或紧绷。例如，与孩子或朋友参加即兴足球比赛时，需要冲刺、跳跃或突然变向，这很容易导致肌肉在活动结束后不舒服或疼痛。还有一些时候会感觉酸痛，但很难回想起可能是什么动作或运动导致了肌肉疼痛。在任何情况下，感觉酸痛或紧绷时，

就应该开始拉伸受影响的肌肉了。如果不熟悉或相对不熟悉一套拉伸动作，这是一种不错的初始拉伸。与本书中的许多拉伸一样，很容易坐着或躺着开始这套拉伸动作。

要发挥此拉伸的最大效果，最好将脚踝尽可能朝头部方向拉动。这将最大限度地拉伸目标肌肉。另外，朝身体左侧或右侧稍微移动脚踝，将对这些髋部回旋肌中的多块肌肉施加一个额外的牵拉力。任何时候尝试任何新的或不习惯的动作时，与此拉伸的变化动作一样，需要确保考虑了安全保护措施。在此情况下，可用左手或毛巾在左膝下给予一定的额外支撑。屈曲位置上，例如再次拉伸中，膝盖容易受伤，尤其是在试验新动作期间，这一点一定要注意。

髋外旋肌和背伸肌拉伸

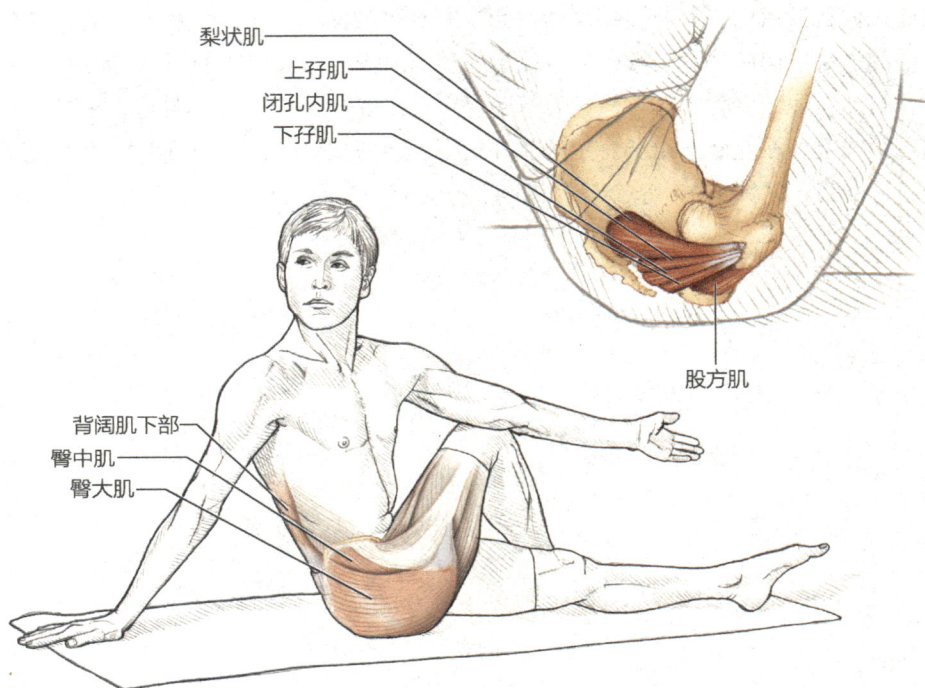

梨状肌

上孖肌

闭孔内肌

下孖肌

股方肌

背阔肌下部

臀中肌

臀大肌

拉伸步骤

1. 坐在地上，左腿伸直。

2. 弯曲右腿，将右足放在左膝外侧。

3. 弯曲左臂，将左肘外侧靠在抬起的右膝外侧上。

4. 右臂支撑在右髋部附近的地面上。

5. 朝右膝推左肘，尽可能向右旋转躯干。用左肘保持足够的压力，使右膝保持在稳定的位置。

6. 对另一条腿重复此拉伸。

拉伸的肌肉

拉伸最大的右侧肌肉： 臀大肌、臀中肌、臀小肌、梨状肌、上孖肌、下孖肌、闭孔外肌、闭孔内肌、股方肌、背阔肌下部、竖脊肌

拉伸较小的左侧肌肉： 臀大肌、臀中肌、竖脊肌、背阔肌下部

拉伸说明

　　这种低强度的拉伸非常适合腰背部和髋部疼痛的人。腰背部问题可能在所有成年人中都很常见，而且随着年龄增大会变得更加普遍。这个区域的疼痛可归因于一种特定的损伤，或者可能是长时间使用背部肌肉而累积形成的。腰背部疼痛和不适的另一个原因是背部和腹部肌肉松弛，或者这两个肌群之间的肌肉不平衡。此情况也可能将疼痛感延伸到骨盆区域，可能限制人们舒适地完成日常任务的能力。要帮助减轻此疼痛和不适，执行这一低强度拉伸非常有益。定期使用此拉伸将强化这一区域，有助于减少疼痛在未来复发的几率。

　　进行此拉伸时，尝试保持躯干打直。不要弓背或弯腰。请注意缓慢地旋转躯干，这有助于控制对目标肌肉的拉伸量。通过右肘支撑左膝来保持姿势。

髋部

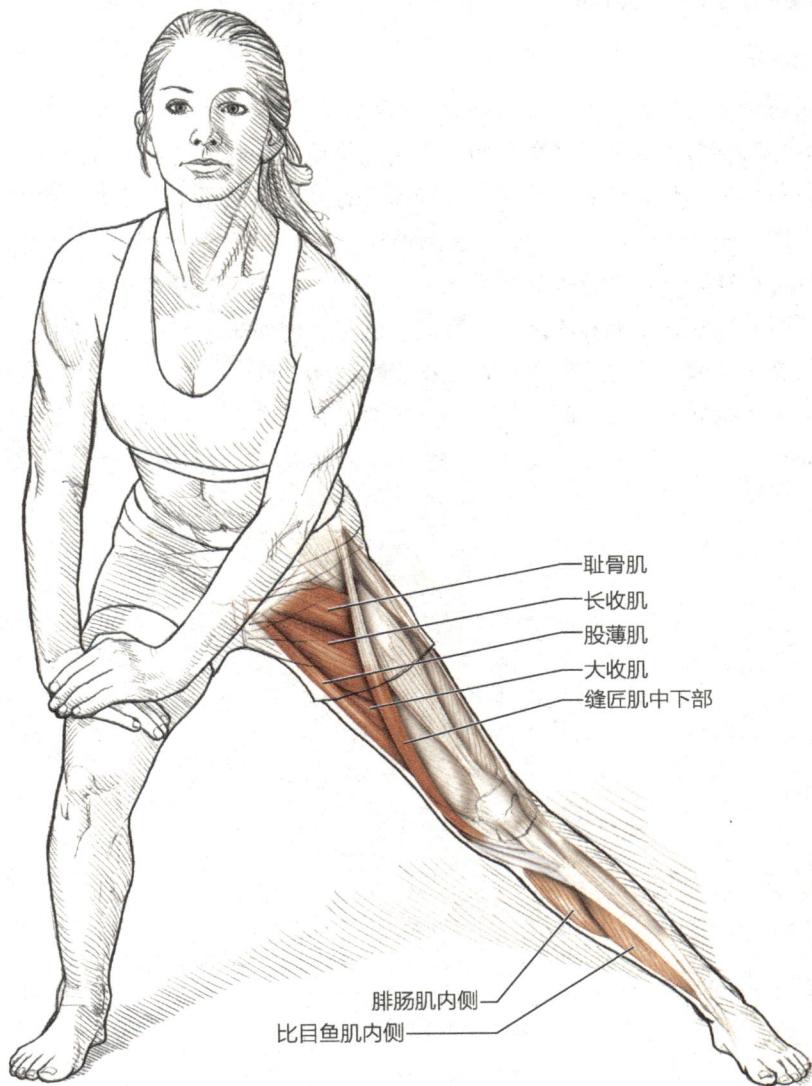

耻骨肌
长收肌
股薄肌
大收肌
缝匠肌中下部

腓肠肌内侧
比目鱼肌内侧

拉伸步骤

1. 站立，双腿比肩更宽，左脚外撇。
2. 将髋部下压到半蹲位置，弯曲右膝，左脚向左侧滑出以保持左膝伸直。
3. 将双手放在右膝上进行支撑和保持平衡，或者紧握一个物体来保持平衡。
4. 对另一条腿重复此拉伸。

拉伸的肌肉

拉伸最大的肌肉： 股薄肌、大收肌、长收肌、短收肌、耻骨肌、缝匠肌中下部、半腱肌、半膜肌

拉伸较小的肌肉： 腓肠肌内侧、比目鱼肌内侧、趾长屈肌

拉伸说明

这是拉伸大腿内侧肌肉最容易的方式之一。大部分人在正常的日常活动中都不会大量使用大腿内侧肌肉。因此，这些肌肉可能比大腿和髋部区域的其他肌肉更松弛，可能更容易疲劳。参加一些临时活动，例如在丘陵地带行走或跑步，上下楼梯，或者与好友进行邻居足球比赛，有时会导致大腿内侧肌肉颤抖，这是一种疲劳的迹象。如果发生此情况，推荐对受影响的肌肉拉伸几分钟，将它们放松。在大部分情况下，这些运动可在拉伸后继续进行。这里应注意到，在开始任何类型的练习、运动或重体力活动之前，执行一系列轻微的拉伸总是有好处的。这会降低身体的任何肌群发生损伤或不适的可能性。

执行此拉伸时，尽可能伸直躯干。将身体重量放在左脚内侧会更舒服。要增加拉伸量，可将躯干向右弯曲，同时双手下压右大腿。

高级坐姿髋内收肌拉伸

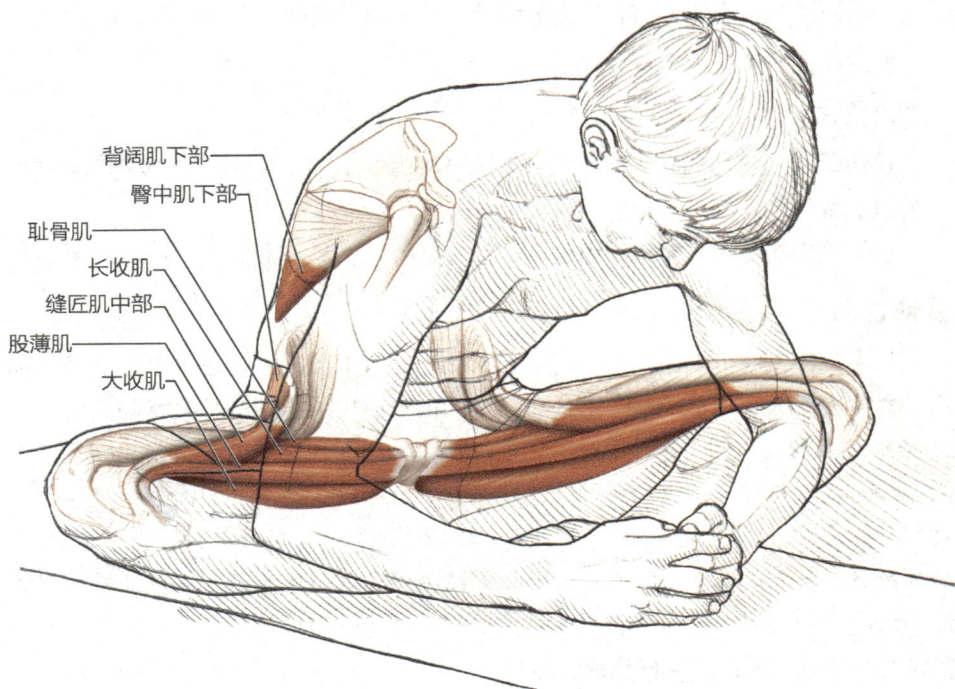

背阔肌下部
臀中肌下部
耻骨肌
长收肌
缝匠肌中部
股薄肌
大收肌

拉伸步骤

1. 盘腿坐在地上——双膝弯曲，双脚脚底接触。

2. 让脚跟离臀部尽可能近。（距离取决于柔韧程度。）

3. 抓住双脚或脚踝上方，双肘朝侧边摊开，接触双腿上膝盖靠下的位置。

4. 朝双脚方向弯曲躯干，在拉伸时用双肘下压大腿下半部分和膝盖。

拉伸的肌肉

拉伸最大的肌肉：股薄肌、大收肌、长收肌、短收肌、耻骨肌、缝匠肌中部、竖脊肌下部、背阔肌下部

拉伸较小的肌肉：臀大肌、臀中肌后部

拉伸说明

此拉伸的目标肌肉（短收肌、长收肌、大收肌、股薄肌、缝匠肌和耻骨肌）位于髋部和大腿内侧。这些肌肉很大，负责髋部内收（即将腿朝身体中线拉动）的活动。在一些竞赛或娱乐活动中会大量使用髋内收，例如滑冰、轮滑和滑冰式越野滑雪。大部分人仅偶尔或季节性地参加这些活动。除非定期进行培训或健身训练，否则一般人很容易在活动后感到髋部和大腿内侧的肌肉酸痛或紧绷。要预防这些症状变得更加严重，推荐在活动之前、期间（如果有必要）和之后拉伸这些肌肉。

对目标肌肉的拉伸程度依赖于脚踝与臀部的距离。脚踝离臀部越近，拉伸越大。此外，对这些内收肌的拉伸量可由双肘施加在大腿下半部分和膝盖上的压力来控制。可通过抓住双脚并使用它们作为杠杆来向前拉动躯干，进一步加强此拉伸。此技术不仅可拉伸髋内收肌，还可有效地拉伸腰背部肌肉。将脚踝放在离臀部约30厘米的位置，可增加对臀大肌、臀中肌和竖脊肌的拉伸，对内收肌的起端进行最大程度的拉伸。

坐姿髋内收肌和伸肌拉伸

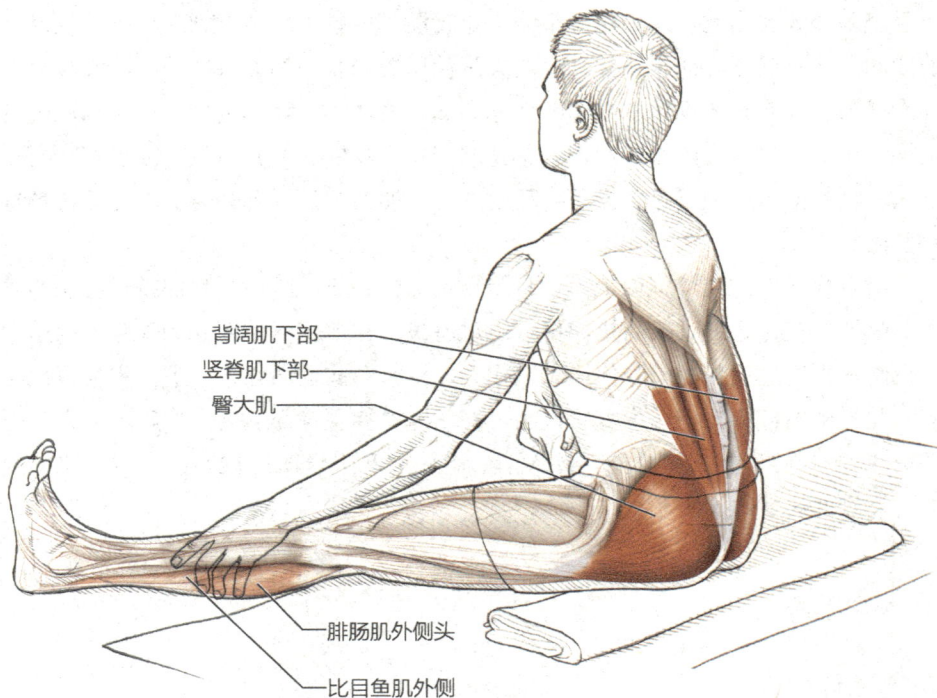

背阔肌下部
竖脊肌下部
臀大肌

腓肠肌外侧头
比目鱼肌外侧

拉伸步骤

　　1. 舒适地坐在地上，双腿伸直呈 V 字型，双脚尽可能张开。

　　2. 将双手放在大腿旁边的地上。

　　3. 将双膝打直且尽可能平放在地面上。

　　4. 沿双腿向前滑动双手，朝双膝之间俯身。

拉伸的肌肉

　　拉伸最大的肌肉： 半腱肌、半膜肌、股薄肌、大收肌、长收肌、臀大肌、竖脊肌下部、背阔肌下部

　　拉伸较小的肌肉： 比目鱼肌外侧、腓肠肌外侧头、跖肌、股二头肌

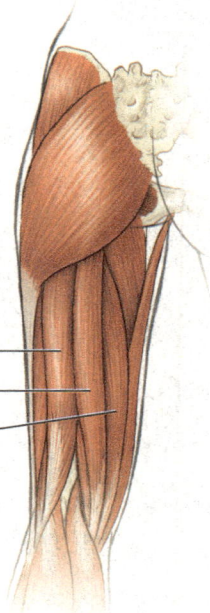

绳腱：
股二头肌
半腱肌
半膜肌

拉伸说明

这是一种针对大腿内侧部分、内收肌群，以及大腿肌肉背部内侧、半膜肌和半腱肌的更高级的拉伸。此外，它对腰背部的肌肉组织也有好处。由于此拉伸的位置（双腿同时伸展），推荐已在身体的这一区域获得良好的柔韧性的人来进行此拉伸。

在热身时保持双膝稍微弯曲。肌肉变热后，可将双膝打直。若要最大限度地拉伸，不要弯曲双膝，前倾骨盆或弯曲后背。另外，将整个躯干向前弯曲，保持躯干在双腿之间。

改变躯干的位置会改变拉伸的性质。例如，缓慢地朝右膝上方移动躯干，会更多地拉伸右侧髋伸肌、右侧腰背部肌肉和左腿内收肌群。相反，朝左膝上方移动躯干，会着重拉伸左侧髋伸肌、左侧腰背部肌肉和右腿内收肌群。

变化动作

借助脚趾牵拉的坐姿髋内收肌和伸肌拉伸

通过抓住脚趾可以让此拉伸更加复杂，进而通过拉伸更多的肌肉来提高拉伸的效果——不仅可拉伸腓肠、股后肌群、后髋部、腰背部、肩部和手臂肌肉，还可同时拉伸身体的右侧和左侧。拉伸量取决于将脚趾朝膝盖和胫骨方向拉动有多困难。仅执行坐姿髋内收肌和髋伸肌拉伸的 1 到 3 步，然后对于第 4 步，抓住双脚脚趾并将其朝头部方向拉动。

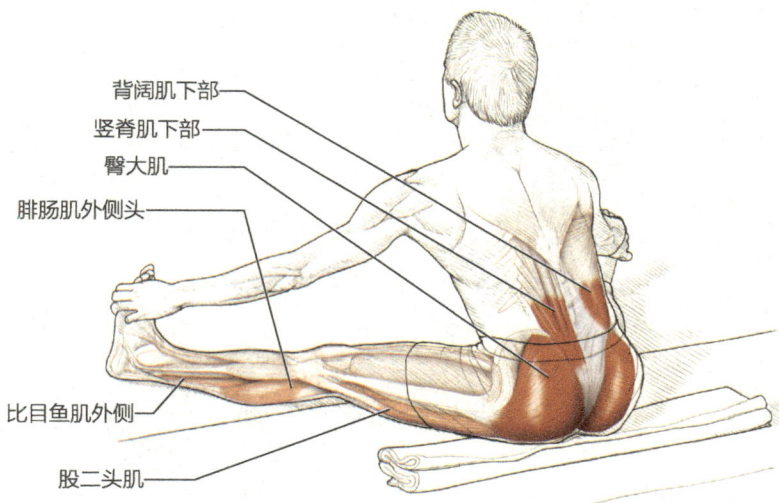

背阔肌下部
竖脊肌下部
臀大肌
腓肠肌外侧头
比目鱼肌外侧
股二头肌

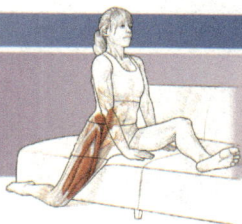

第 6 章

膝和大腿

大腿和膝部的骨骼结构由胫骨、腓骨（小腿）和股骨（大腿）组成。腿的上部和下部区域的这些长骨头形成了主要的杠杆系统，使身体能够在所有行动中使用这一区域的肌肉。

膝关节是大腿和小腿骨头之间唯一的主要关节。它被分类为屈成关节，仅支持两种主要运动：屈曲和伸展。运动范围或移动此关节的自由度，既取决于骨骼结构，又取决于围绕此关节的肌肉组织、肌腱和韧带的柔韧性。通常，与身体中其他一些关节相比，膝关节在运动上很受限，但膝关节与髋关节相结合，使我们能够执行各种复杂运动，提高我们进行各种体育和休闲活动的能力。这些肌肉越柔韧，运动时自由度就越大。

膝关节被许多韧带和肌腱（图6.1）包裹，以增强稳定性。尽管存在这些额外的支撑结构，但膝关节仍然很容易发生损伤。围绕膝关节的最重要的韧带之一是髌韧带，它从膝盖骨伸展到胫骨的上前部。股四头肌的肌腱（位于大腿前部）与髌韧带混合在一起，髌韧带将这些肌肉附着在胫骨上。内侧副韧带支撑膝关节的内侧，膝关节的外侧由外侧副韧带支撑。前交叉韧带和后交叉韧带帮助防止股骨在胫骨前后移位。这些韧带位于膝关节内侧，将胫骨和股骨固定在一起。腘斜韧带和腘弓状韧带对膝关节的外后侧区域提供额外的支撑。

此外，内侧和外侧副韧带也从股四头肌腱伸出，帮助支撑膝关节的后部。最后，半月板韧带位于胫骨顶端，为膝关节增加额外的稳定性，并在行走、跑步和跳跃期间对骨头起缓冲作用。这些半月板的磨损常常引起膝关节内侧疼痛。

控制膝关节运动的大部分肌肉都在大腿中，但是还涉及到一些腓肠肌。一般而言，移动膝关节的大腿肌肉分为两组。大腿前侧的4块大型肌肉（股直肌、股中间肌、股外侧肌和股内侧肌）统称为股四头肌，这些是主要的膝伸肌。大腿后侧的大型肌肉（股二头肌、半膜肌和半腱肌）统称为股后肌群，这些肌肉是主要的膝屈肌。股后肌群通过大腿内侧的股薄肌和缝匠肌，以及小腿后侧的腓肠肌、腘肌和跖肌来帮助弯曲膝关节。

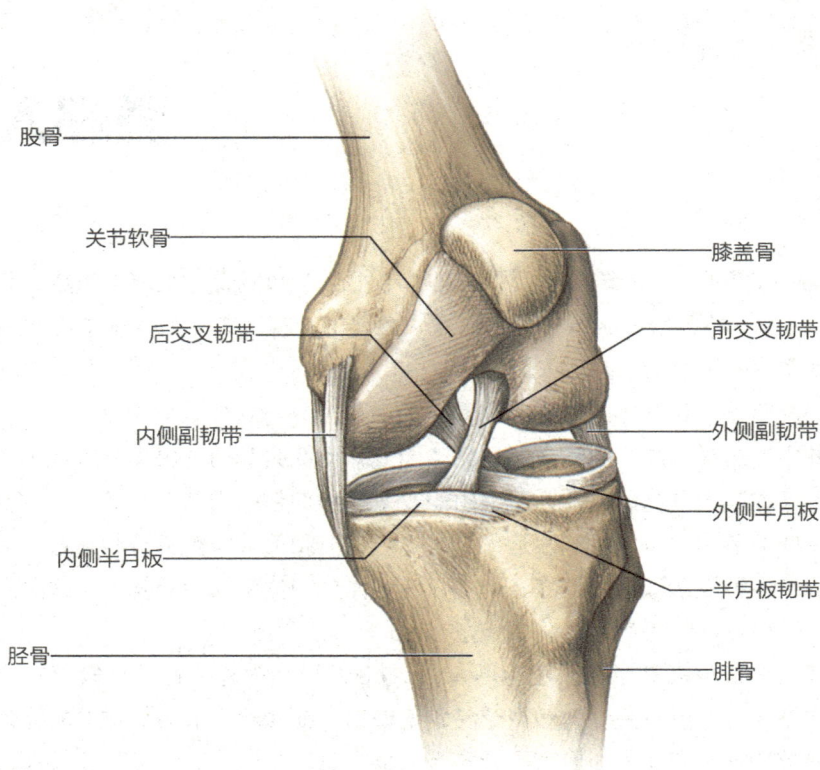

股骨

关节软骨

膝盖骨

后交叉韧带

前交叉韧带

内侧副韧带

外侧副韧带

外侧半月板

内侧半月板

半月板韧带

胫骨

腓骨

图 6.1 膝关节韧带和组织

　　屈曲和伸展是膝关节的两种主要运动。身体中的大部分肌肉都贯穿多个关节，因此这些肌肉中许多都能进行多种运动。股四头肌（股肌）中的 3 块肌肉仅贯穿一个关节。这种肌肉排列使这些肌肉只能执行膝关节伸展运动。这 3 块股肌是强壮的伸肌。有时膝关节前面的膝盖骨所在位置会发生酸痛和紧绷，这是由于缺少对股四头肌的拉伸而导致的。膝伸肌在行走、跑步或跳跃过程中的运动可能比股后肌群更少。另一方面，股后肌群有两种主要运动（膝关节屈曲和髋部伸展），而且在身体的任何行动中都很活跃。因此，股后肌群上的总负荷似乎比股四头肌更大。因此在日常活动中，股后肌群比股四头肌更容易疲劳和酸痛。

　　控制膝关节的大腿肌肉在所有运动动作中很重要。由于比腓肠和足部肌肉大得多，所以大腿肌肉更能够抵挡肌肉应力。因此，这些肌群中较少发生肌肉酸痛。

但是在相对抗的大腿肌群之间保持力量和柔韧性的正确平衡很重要。

大部分人拥有比股后肌群更强但不那么柔韧的股四头肌。人们更倾向于拉伸股后肌群，而不是股四头肌。这在两个肌群之间造成了不平衡。慢性地过度拉伸股后肌群而没有等量地拉伸股四头肌，可能弊大于利。这是股后肌群比股四头肌更常出现酸痛的原因。过度拉伸也可能导致股后肌群慢性疲劳和力量下降。要纠正这种不平衡，需要更多地注重股四头肌拉伸，更少地注重股后肌群拉伸。

人们常常长时间坐在一个位置，尤其是在乘车、坐在桌旁或坐飞机时。因此，在坐几小时后，人们感觉需要站起来拉伸一下肌肉，这就毫不奇怪了。人们长时间坐着后站立时，通常会发现他们的关节和肌肉暂时变僵硬了。你常常会感觉膝关节更僵硬，在长时间坐着后站起来可能是一个痛苦的过程。出于这一原因，推荐在这些时间里经常站起来走动一下。拉伸这些肌肉是一种自然的纠正。许多人发现拉伸和移动腿部肌肉会减轻肌肉和关节的紧张和疼痛感。因为肌肉酸痛和紧张在大腿肌肉中很常见，所以暂时和持久的减轻都可通过每天定期执行拉伸运动来实现。这套拉伸动作应是健康计划中一个始终存在的部分。

本书中的膝和大腿拉伸根据拉伸了哪些肌群来进行分组。此外，按最容易到最困难的顺序列出和介绍这些拉伸。首先介绍股后肌群的拉伸，然后是股四头肌的拉伸，按从最容易到最困难的顺序进行介绍。新参加一种拉伸计划的人可能不太柔韧，应从最容易的拉伸级别开始。参与者应在确信能够进阶到下一个级别时，才进阶到此计划中更困难的拉伸。有关详细的拉伸说明，请参阅第9章中的拉伸计划信息。

另外推荐从不同的牵拉角度来探索本书中的拉伸。通过稍微调整身体部位的位置，例如手或躯干，可改变对肌肉的牵拉。此方法是发现特定肌肉中何处紧张和酸痛的最佳方式。在拉伸时探索不同的角度，还可增加拉伸计划的灵活性。

所有操作说明和插图针对的都是身体右侧。身体左侧可采用类似但相反的过程。本章中的拉伸是很好的整体拉伸，但不是所有这些拉伸都完全适合每个人的需要。通常来讲，要有效地拉伸特定的肌肉，拉伸必须涉及与目标肌肉的运动方向相反的一种或多种运动。例如，要拉伸一块非常紧的右侧股二头肌，首先仅进行膝部伸展；随着肌肉变松，可进行更多的同时反向运动。

初级坐姿膝屈肌拉伸

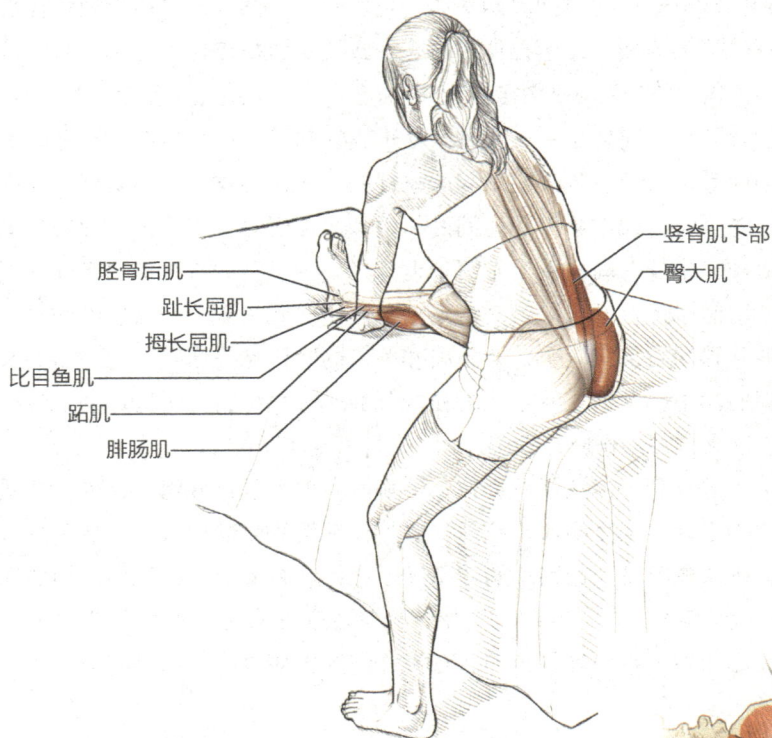

胫骨后肌
趾长屈肌
拇长屈肌
比目鱼肌
跖肌
腓肠肌

竖脊肌下部
臀大肌

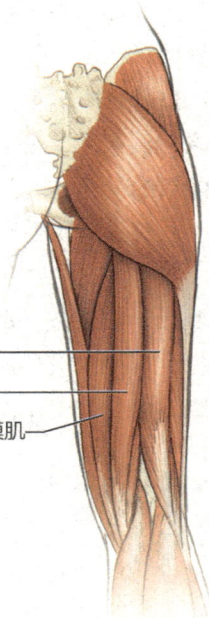

股后肌群：
股二头肌
半腱肌
半膜肌

拉伸步骤

1. 坐在沙发、床或长凳上，右腿在支撑面上伸直。

2. 将左脚放在地上，或者让它放松地下垂。

3. 将双手放在右腿或膝盖旁边的沙发、床或长凳上。

4. 弯曲腰部并朝右膝方向下压头部，保持右膝的背部尽可能舒适地放在沙发、床或长凳上。

5. 向前弯腰时，双手朝右脚滑动，保持它们在小腿旁边。

6. 对另一条腿重复此拉伸。

拉伸的肌肉

拉伸最大的肌肉： 半腱肌、半膜肌、股二头肌、臀大肌、腓肠肌、竖脊肌下部

拉伸较小的肌肉： 比目鱼肌、跖肌、腘肌、趾长屈肌、拇长屈肌、胫骨肌

拉伸说明

紧绷的膝屈肌或股后肌群会影响身姿和身体在运动中的移动方式。这些肌肉紧张时，骨盆和臀部会被拉离其自然的中立位置，导致背部平直和自然曲线丧失。更平的腰背部会给沿腿生长的坐骨神经施加更大的压力，可能导致肌肉更加紧绷。肌肉紧张时，它们也会变短，而缩短的膝屈肌会增加躯干下部伸肌上的张力，尤其是在朝前弯腰时。这种增加的张力会损伤腰背部伸肌，是腰背部酸痛的最常见原因之一。另外，膝屈肌缺乏柔韧性，会使得这些肌肉在突然提高运动速度或承受更大负荷时，更容易受伤。

不活动的人可能拥有较短的膝屈肌，这有许多原因。首先，你可能天生就拥有较短的股后肌群。第二，如果长时间坐着，股后肌群可能变短。无论是何种原因，如果执行定期拉伸运动，股后肌群都可以变长。

一次拉伸一条腿的膝屈肌，可减少对腿和背的应力。膝屈肌拉伸可在软沙发或其他柔软表面上执行，可在任何时候执行——坐在沙发上观看电视时或在工作一整天后放松时。以坐姿做此拉伸运动，一条腿放在沙发表面上，另一条腿下垂，这样可以单独注重这些肌肉的拉伸，让身体里的其他肌肉放松。如果不够柔韧或刚开始一项拉伸计划，在开始此拉伸时最好右膝稍微弯曲，随着柔韧性改善而逐步伸直膝关节。如果想要最大程度地拉伸这些肌肉，开始拉伸时可将膝盖伸直。执行此拉伸时，要避免骨盆前倾或背部弯曲。要将整个躯干朝前弯曲，保持它位于右腿正上方或侧上方。

膝和大腿

中级站姿膝屈肌拉伸

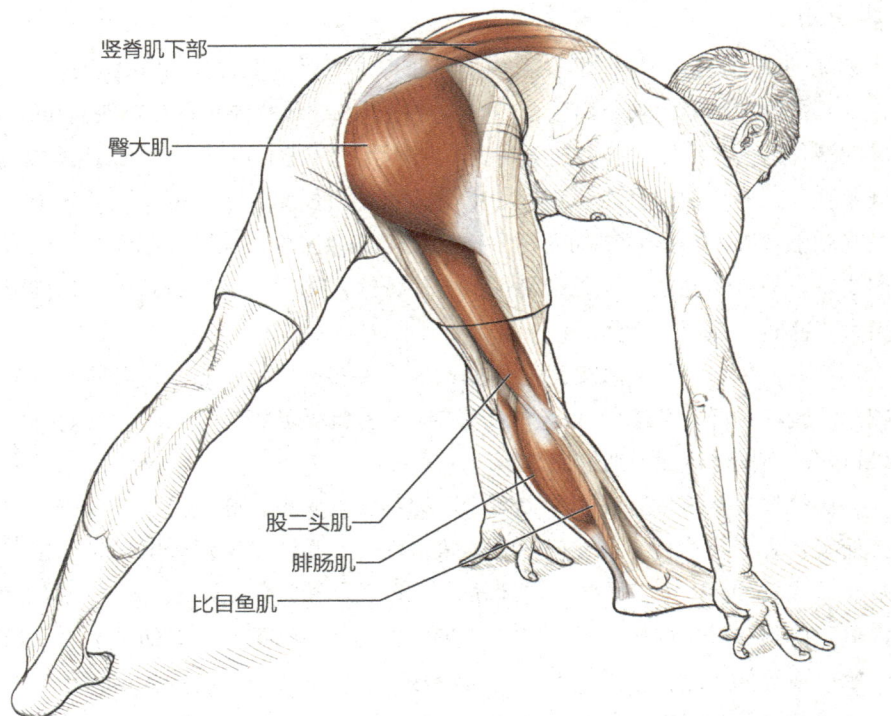

竖脊肌下部

臀大肌

股二头肌

腓肠肌

比目鱼肌

拉伸步骤

1. 站立，右脚跟位于左脚前方适当的位置。

2. 保持右膝伸直，左膝稍微弯曲，朝右膝方向弯曲躯干。

3. 将双手朝右脚方向伸出。

4. 对另一条腿重复此拉伸。

拉伸的肌肉

拉伸最大的肌肉：半腱肌、半膜肌、股二头肌、臀大肌、腓肠肌、竖脊肌下部

拉伸较小的肌肉：比目鱼肌、跖肌、腘肌、趾长屈肌、拇长屈肌、胫骨后肌

拉伸说明

开始参加一项体育运动而没有正确地拉伸时，更可能导致股后肌群紧绷。股后肌群紧绷在长跑和短跑运动员中都很常见，他们会显著增加跑速、跑步距离或攀爬量。在运动期间，随着肌肉变暖，很容易消除肌肉紧张，但停下来后紧绷可能会复发。另外，紧绷常常是轻微或重度肌肉拉伤的一种迹象，这种情况主要在运动后会感觉到。此外，肌肉强度不平衡——膝伸肌比股后肌群更强或臀肌比股后肌群更弱——也会导致紧绷。因此，在运动后适当拉伸尤为重要，因为这时肌肉是暖和的，更容易接受拉伸。

这是股后肌群最常用的拉伸。任何时候感觉需要拉伸股后肌群时，都可轻松地完成此拉伸。在进行任何类型的健身活动后，股后肌群都可能发生轻微的疼痛和紧绷。在几乎任何运动后，这种不适并不少见。这是对这些肌肉进行轻微拉伸的最佳时机。在大部分情况下，此拉伸将减轻这些不适症状，你能够继续进行其他日常活动，而无需担忧你的肌肉情况。

要在此拉伸中获得最佳的效果，可尝试保持右膝伸直，直接从髋部处弯曲躯干。执行此拉伸时，保持背部尽可能直也很重要。将右脚稍微朝外屈，并更多地朝右膝内侧弯曲头部和躯干，将增加股二头肌（位于大腿外后侧）的拉伸。另一方面，稍微弯曲右脚，并更多地朝右膝外侧弯曲头部和躯干，将增加半腱肌和半膜肌（位于大腿内后侧）的拉伸。

高级坐姿膝屈肌拉伸

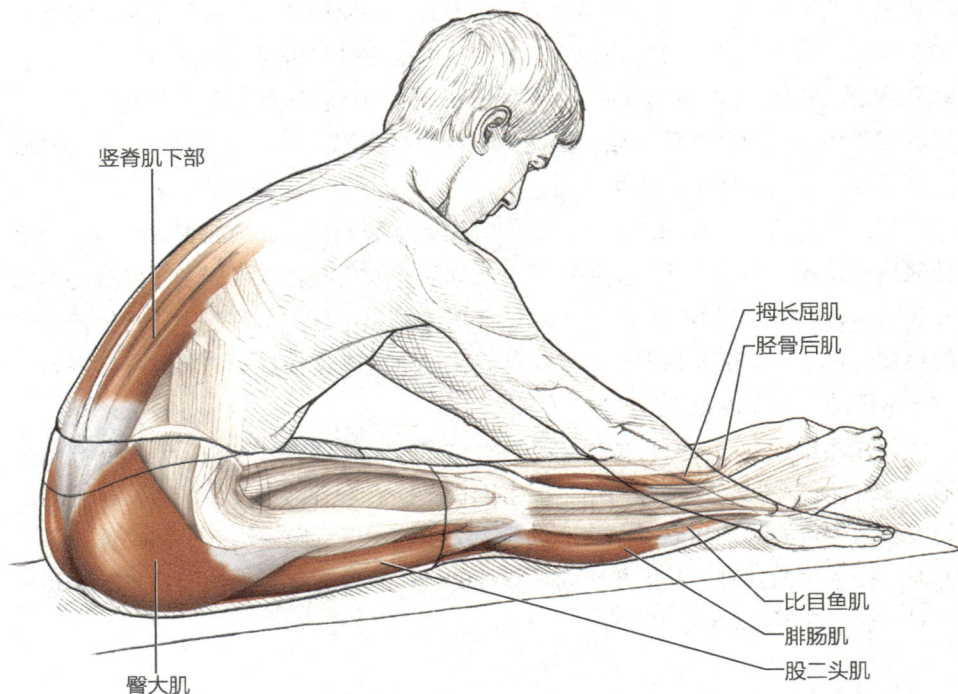

竖脊肌下部

拇长屈肌

胫骨后肌

比目鱼肌

腓肠肌

股二头肌

臀大肌

拉伸步骤

1. 坐在地面、地毯或体操垫上，双腿伸直，双脚脚踝内侧尽可能靠近。
2. 保持双脚在一个自然位置放松。
3. 将双手放在大腿旁边的地上。
4. 弯曲腰部，将头部朝双腿方向下压。如果可能，保持膝盖后部位于地上。
5. 前倾时，朝双脚方向滑动双手，保持双手在双腿旁边。

拉伸的肌肉

拉伸最大的肌肉：半腱肌、半膜肌、股二头肌、臀大肌、腓肠肌、竖脊肌下部

拉伸较小的肌肉：比目鱼肌、跖肌、腘肌、趾长屈肌、拇长屈肌、胫骨肌

拉伸说明

股后肌群紧绷时，骨盆和臀部会被拉离其自然的中立位置，导致背部平直和自然曲线丧失。更平的腰背部会给沿腿生长的坐骨神经施加更大的压力，可能导致肌肉更加紧绷。紧绷的肌肉也会变短，而缩短的膝屈肌会增加躯干下部伸肌上的张力，尤其是在朝前弯腰时。这种增加的张力会损伤躯干下部伸肌，是腰背部酸痛的最常见原因之一。紧绷的肌肉可能压迫肌肉中的血管，而血流的减少可能使股后肌群和腰背部伸肌更加紧绷和疲劳。

尽管此拉伸可通过增加柔韧性来帮助缓解问题，但不推荐在柔韧性增加之前做。如果在两组肌肉都紧绷时执行此运动，可能损伤腰背部。这是因为股后肌群通常更大、更强壮，所以更弱的链接会首先疲劳。

在此运动中，可以同时拉伸双腿。要更好地拉伸和改善柔韧性，可尽力保持膝关节伸直。保持背部伸直也很重要。向前弯曲躯干时，尝试将它作为一个整体来移动，将它保持在两腿中央。按照这些程序操作，可以更有效地拉伸股后肌群，得到更令人愉快、更快且更好的结果。

在地毯、体操垫或其他柔软表面上执行此拉伸，通常更舒适。以坐姿执行此拉伸，可以放松身体中的其他肌肉。此拉伸可在闲坐、看电视、阅读或执行任何坐着的休闲活动时轻松地执行。因为我们每天很多时间都坐着，所以此拉伸可在一天中任何时间反复执行。

变化动作

坐姿膝、踝、肩和背部拉伸

除了将双手放在腿侧，如果抓住脚趾并缓慢地朝膝盖方向拉动（背屈位置），可增加对腓肠肌群的拉伸。此外，改变双手的位置，可以拉伸背、肩和手臂肌肉。执行前面介绍的第1到4步。处于第4步中的位置时，抓住脚趾或跖球，并朝膝盖方向拉动双脚。

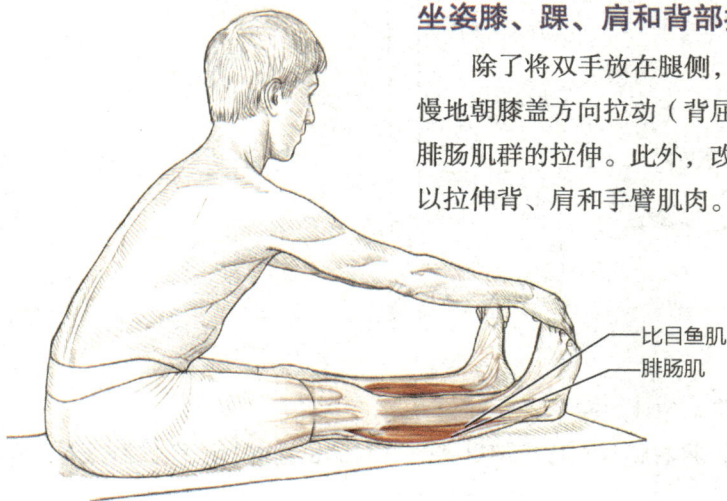

比目鱼肌
腓肠肌

专家级抬腿膝屈肌拉伸

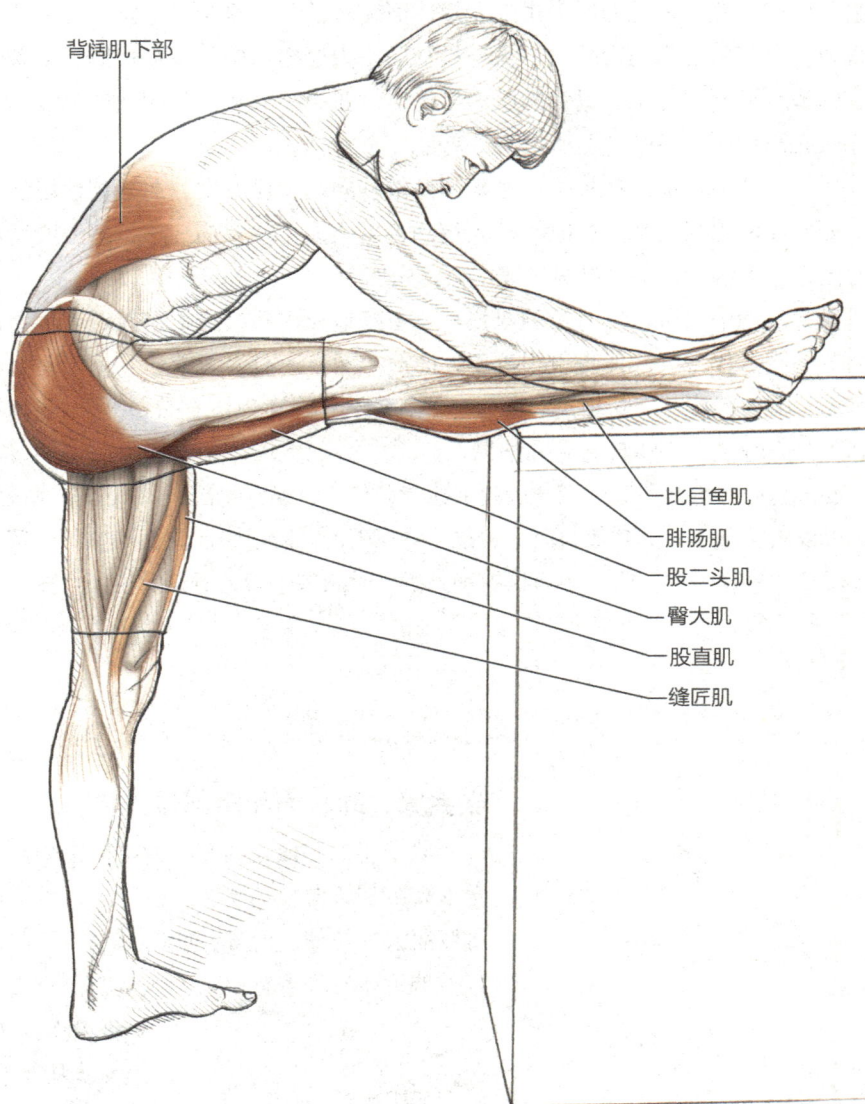

背阔肌下部

比目鱼肌
腓肠肌
股二头肌
臀大肌
股直肌
缝匠肌

拉伸步骤

1. 站立，将重量均匀地放在左腿上。

2. 弯曲右髋部，将右腿放在比髋部更高的桌面、长凳或其他稳定物体上，膝盖伸直。

3. 弯腰，朝右侧小腿伸出手臂，朝右腿方向下压头部，保持右膝尽可能伸直。

4. 保持左膝伸直，左脚与右腿朝向相同的方向。

5. 对另一条腿重复此拉伸。

拉伸的肌肉

拉伸最大的肌肉： 臀大肌、半腱肌、半膜肌、股二头肌、竖脊肌、背阔肌下部、腓肠肌

拉伸较小的肌肉： 比目鱼肌、腘肌、跖肌、趾长屈肌、拇长屈肌、胫骨肌、缝匠肌、股直肌

拉伸说明

这是一种更高级的拉伸，适合膝屈肌已比普通运动员更加柔韧的人。一定要选择具有合适的起始高度的桌子、长凳、沙发或其他稳定物体来放置腿部。在开始此拉伸计划时，基于你的柔韧性状态，推荐从较低的高度开始，随着柔韧性改善，定期将支撑面高度增加几厘米。在柔韧性改善后将支撑面高度增加到髋部上方 30 到 60 厘米，将加大这些肌群的拉伸。此刻，随着将桌面增加到最高，你也会开始感觉到对左腿前部肌群中的一部分肌肉的拉伸（缝匠肌、股直肌、股中间肌、外侧和内侧肌肉）。

要最大程度地拉伸膝屈肌，不要弯曲膝盖、前倾骨盆或弯曲后背。此外，将整个躯干向前弯曲，保持它在右腿上方。

变化动作

抬腿膝、踝、肩和背部拉伸

抓住并拉动脚趾，会增加对更多肌肉的拉伸。这种组合训练会同时拉伸身体后侧（背侧）的大部分肌肉。如果训练时间有限，这很容易节省一些时间。

执行第 1 到 3 步。在处于第 4 步中的位置时，抓住脚趾或跖球并向膝盖方向拉动。

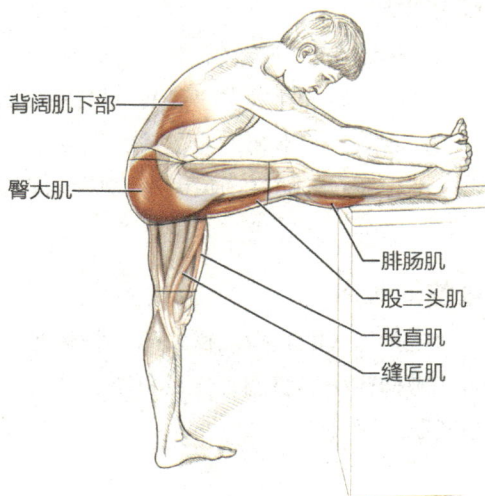

背阔肌下部
臀大肌
腓肠肌
股二头肌
股直肌
缝匠肌

躺姿膝屈肌拉伸

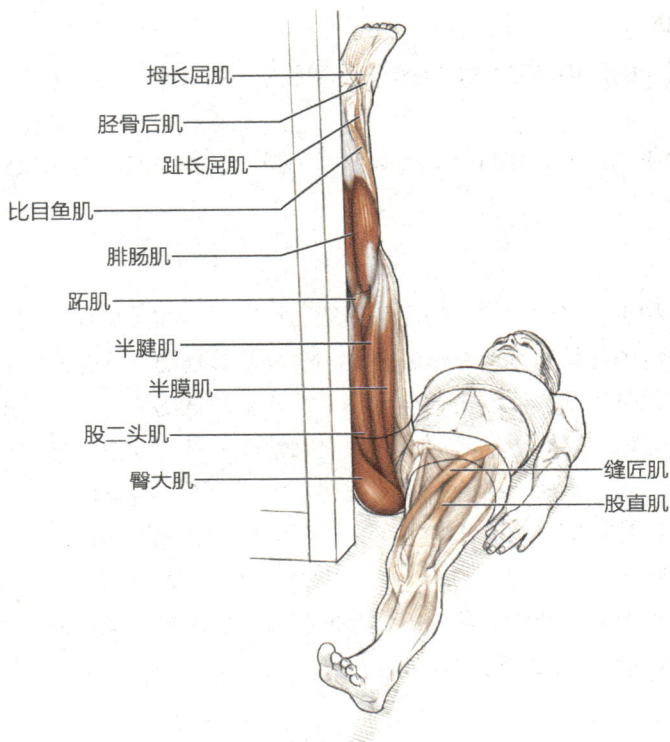

拇长屈肌
胫骨后肌
趾长屈肌
比目鱼肌
腓肠肌
跖肌
半腱肌
半膜肌
股二头肌
臀大肌

缝匠肌
股直肌

拉伸步骤

1. 仰躺在门口，髋部放在门框前。
2. 抬起右腿并放在门框上。保持右膝伸直，左腿平放在地面上。
3. 将双手手掌朝下放在臀部两侧。
4. 保持右腿伸直，使用双手缓慢地朝门框移动臀部，直到在腿后部感觉到拉伸。
5. 对另一条腿重复此拉伸。

拉伸的肌肉

拉伸最大的肌肉：臀大肌、半腱肌、半膜肌、股二头肌、腓肠肌

拉伸较小的肌肉：比目鱼肌、腘肌、跖肌、趾长屈肌、拇长屈肌、胫骨肌、缝匠肌、股直肌

拉伸说明

拉伸膝屈肌时，必须小心腰背部。如果腰背部伸肌紧绷，它们将限制执行大部分膝屈肌拉伸的能力。因此，许多人会过度拉紧背部，而且很容易前倾骨盆或弯曲背部。这么做会进一步损害腰背部肌肉。仰躺在地上时，更容易保持正确的背部位置，而且地面提供了额外的背部支撑。因此，此训练是在存在背部问题时使用的最佳的膝屈肌拉伸。

对于此拉伸，将身体放在正确位置可能会花一些额外的时间和精力，但一旦找到了正确的位置，这就是很好的拉伸。若要最大程度地拉伸膝屈肌，不要弯曲膝盖、前倾骨盆或弯曲后背。调整臀部与门框之间的距离，可增加或减少拉伸。臀部离门框越近，拉伸越大。臀部无法再靠近门框时，在髋关节处弯曲右腿并朝头部方向移动右腿，可增加拉伸程度。保持左腿在前方的地面上伸直，以获得最大的拉伸效果，这也很重要。达到拉伸极限时，你会发现左腿上的股四头肌也得到了拉伸。

膝和大腿

◀ 变化动作 ▶

躺姿膝、踝、肩和背部拉伸

使用毛巾向下拉动脚趾，可增加拉伸的肌肉数量。执行第1到4步。感觉股后肌群被拉伸后，使用毛巾朝地面方向拉动脚趾和脚。这种组合训练可同时拉伸身体背侧的大部分肌肉。换句话说，可以较小程度地拉伸多个肌群，包括腓肠、股后肌群、背部、肩部和手臂肌肉。如果训练时间有限，可以节省一些时间。

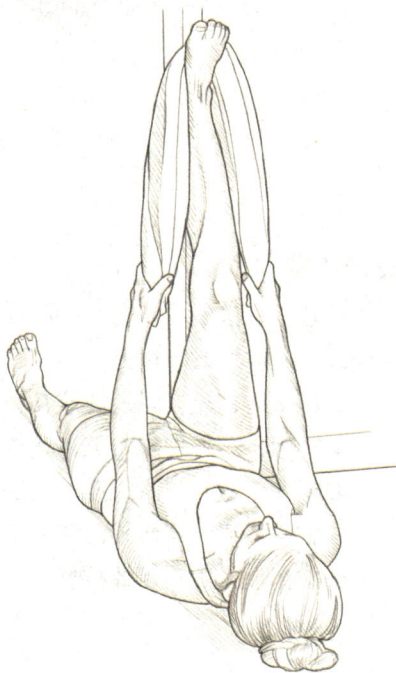

初级坐姿膝伸肌拉伸

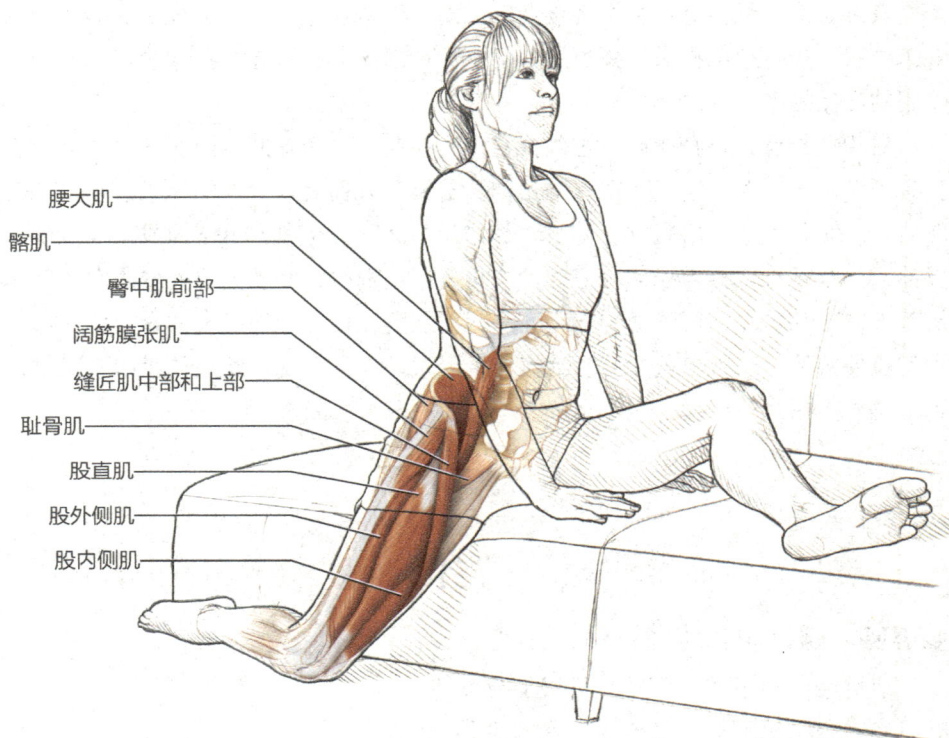

腰大肌

髂肌

臀中肌前部

阔筋膜张肌

缝匠肌中部和上部

耻骨肌

股直肌

股外侧肌

股内侧肌

拉伸步骤

1. 端坐在沙发或床上，左膝朝前弯曲不到 90°。左腿外侧应平放在支撑面上，左髋部放在沙发或床边上。

2. 将身体的重量均衡地放在左髋部。

3. 朝躯干后方伸展右腿，让右膝接触地面。右小腿横放在地面上。

4. 将双手放在沙发或床上，以保持平衡。

5. 如果需要，缓慢地前移髋部，以获得更大的拉伸。

6. 对另一条腿重复此拉伸。

拉伸的肌肉

拉伸最大的肌肉： 股内侧肌、股中间肌、股外侧肌、缝匠肌中部和上部、股直肌、腰大肌、髂肌、阔筋膜张肌

拉伸较小的肌肉： 耻骨肌、臀中肌前部

拉伸说明

膝伸肌、股四头肌用于完成常见的动作，例如站立、坐下、行走、跑步和跳跃。股四头肌和肌腱的劳损和损伤在参加爆发性活动的 15 到 30 岁的运动员中很常见。另一方面，对于参加日常生活劳动的人，这些肌肉损伤的平均年龄为 65 岁。肌肉劳损和撕裂通常在过度拉伸肌肉，撕裂肌纤维时发生。它们常常发生在肌肉与肌腱结合处附近。股四头肌损伤的 4 个主要原因是肌肉紧张、肌肉失衡、身体条件差和肌肉疲劳。执行这种初级拉伸的轻松性，可能会刺激你拉伸这些肌肉，尤其是因为它可在阅读、看电视或放松时执行。

这是股四头肌的一种初级拉伸。可坐在沙发或床边执行此拉伸。坐姿有助于使此拉伸的执行更舒适和放松。可以在右膝下放一个枕头来增加舒适性。让左腿在身前弯曲，可将拉伸集中在右腿的股四头肌上。朝身后伸展右腿。

缓慢地前移髋部，可注意到对股四头肌施加的拉伸量。如果需要，可增加此拉伸的强度。在前移髋部时可尝试稍微弓起背部。最大限度地完成此级别的拉伸后，开始使用本章中更高级的拉伸。

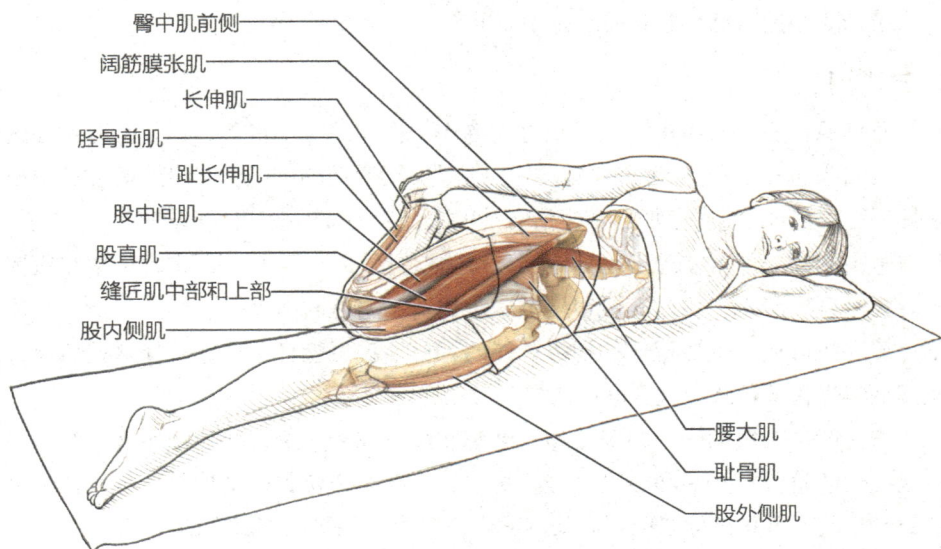

臀中肌前侧
阔筋膜张肌
长伸肌
胫骨前肌
趾长伸肌
股中间肌
股直肌
缝匠肌中部和上部
股内侧肌

腰大肌
耻骨肌
股外侧肌

安全提示 不要将脚跟一直拉到臀部。

拉伸步骤

1. 朝左侧躺下。

2. 弯曲右膝，将右脚跟拉动至离臀部 10 到 15 厘米的距离内。

3. 紧抓住右脚踝，朝臀部方向朝后拉动右腿。但是，不要将右脚跟一直拉动到臀部。

4. 与此同时，前推髋部。

5. 对另一条腿重复此拉伸。

膝和大腿

拉伸的肌肉

拉伸最大的肌肉： 股中间肌、股直肌、腰大肌、缝匠肌中部和上部

拉伸较小的肌肉： 股内侧肌、股外侧肌、阔筋膜张肌、耻骨肌、髂肌、臀中肌后部、胫骨前肌、趾长伸肌、长伸肌

拉伸说明

　　股四头肌损伤通常发生在冲刺、跳跃或踢腿等运动中，尤其是在肌肉紧张或未做好运动准备时。这是拉伸大腿前侧肌肉的另一种有效方法。尽管仅比初级坐姿膝伸肌拉伸稍微困难一点，但此拉伸仍属于中级类别。

　　由于是在放松的姿势下执行此拉伸，所以能最大限度地控制对股四头肌的拉伸量。换句话说，此拉伸可以专门拉伸这些大腿肌肉，而让其他肌肉尽可能放松。

　　缓慢地朝后方而不是朝上方拉动脚踝，同时确保髋部也在前移。应该更加注重髋部前移动作，而不是膝关节的弯曲（朝臀部方向拉动脚踝）。与任何股四头肌拉伸一样，需要小心防止过度弯曲膝盖而拉伤膝关节结构。

膝和大腿

高级跪姿膝伸肌拉伸

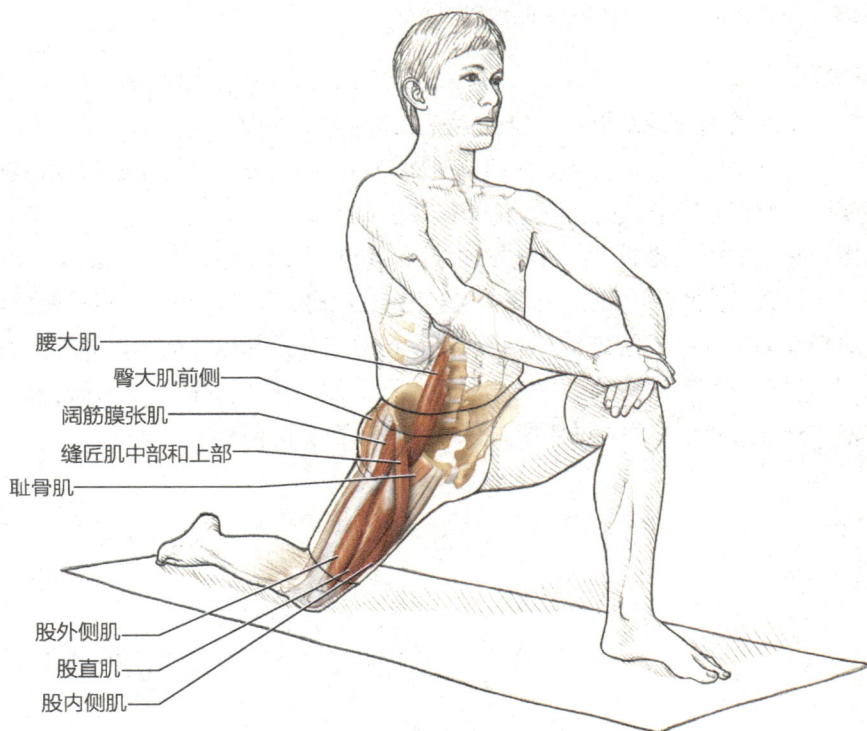

腰大肌————

臀大肌前侧————

阔筋膜张肌————

缝匠肌中部和上部————

耻骨肌————

股外侧肌————

股直肌————

股内侧肌————

安全提示 完成初级和中级膝伸肌拉伸之前，不要尝试此拉伸。

拉伸步骤

1. 左腿跨前一步，将左膝弯曲约 90°。

2. 保持左膝位于左脚踝上方。

3. 朝身后伸展右腿，右膝接触地面。右小腿横放在地上。

4. 抓住一个物体或将双手放在左膝上来保持平衡。

5. 前移髋部，朝左脚踝前方推左膝，背屈左脚踝。

6. 对另一条腿重复此拉伸。

拉伸的肌肉

拉伸最大的肌肉： 股内侧肌、股中间肌、股外侧肌、缝匠肌中部和上部、股直肌、腰大肌、髂肌、阔筋膜张肌

拉伸较小的肌肉： 耻骨肌、臀大肌后侧

拉伸说明

高级跪姿膝伸肌拉伸是运动员和普通人最常用的股四头肌拉伸。大部分人会更多地拉伸股后肌群，而不是股四头肌，因此大部分人可能拥有比股后肌群更强但不那么柔韧的股四头肌。这在两个肌群之间造成了强度和柔韧性的不平衡。要纠正这种不平衡，需要更多地注重股四头肌的经常拉伸。

右膝朝身后的地面伸展时，尝试在膝盖下垫上柔软的表面，可以是体操垫、草坪或者甚至枕头。这将最大限度地减少膝盖的不适。朝拉伸位置缓慢地移动时，保持左膝朝前。不要让左膝向侧面或让右膝沿地面移动。在前移髋部时，弓起后背可增加对这些肌肉的拉伸。这不仅会拉伸股四头肌，还会拉伸位于骨盆区域前面的髋屈肌。

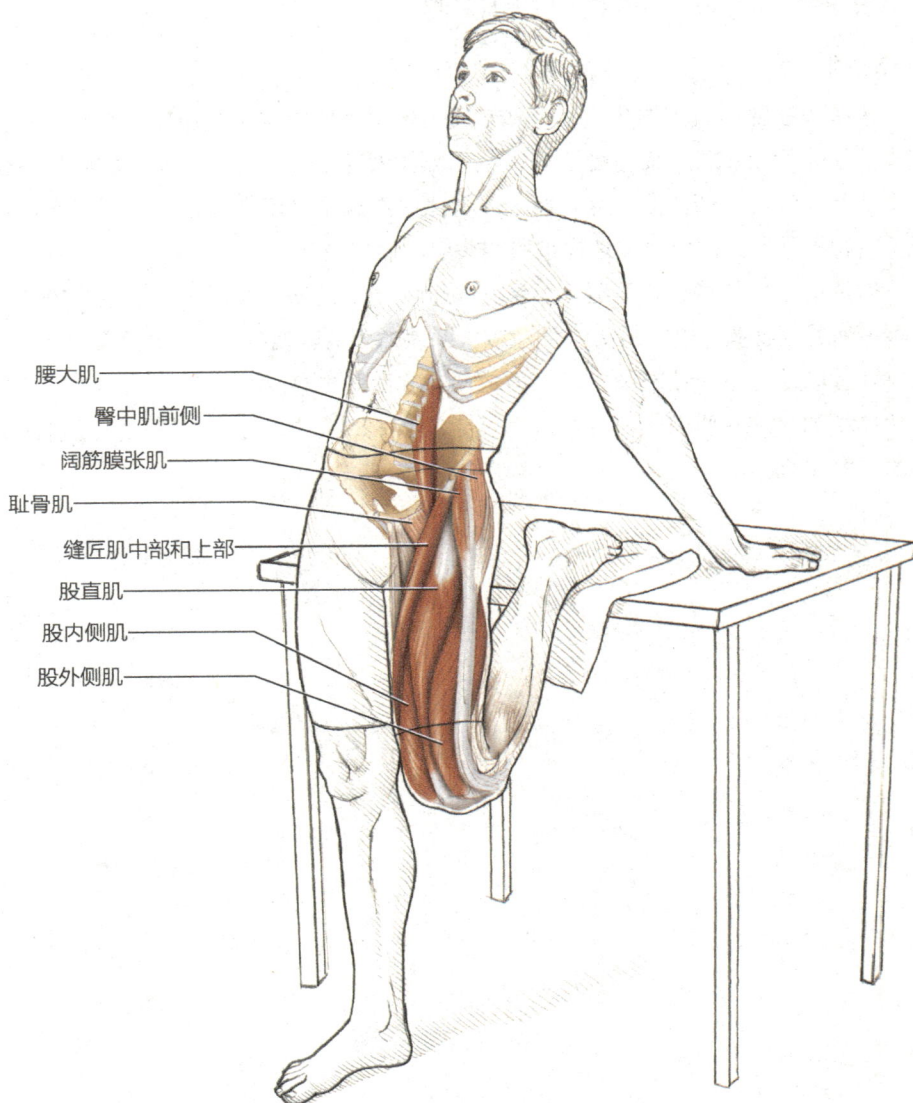

腰大肌

臀中肌前侧

阔筋膜张肌

耻骨肌

缝匠肌中部和上部

股直肌

股内侧肌

股外侧肌

拉伸步骤

1. 背朝一个低于髋部、有缓冲垫的桌子、床或柔软平台站立。
2. 将重量均匀地放在右腿上，稍微弯曲右膝。
3. 弯曲左膝，将左脚踝放在背后的支撑面上。
4. 将双手放在臀部后面 15 到 30 厘米的支撑面上。
5. 将躯干缓慢地后移，使左脚跟接触到臀部。确保脚踝和膝盖感觉舒适。
6. 前推髋部，同时通过朝臀部方向弯曲肩膀来弓起背部。
7. 对另一条腿重复此拉伸。

拉伸的肌肉

拉伸最大的肌肉： 股内侧肌、股中间肌、股外侧肌、缝匠肌中部和上部、股直肌、腰大肌、髂肌、阔筋膜张肌

拉伸较小的肌肉： 耻骨肌、臀中肌后部

拉伸说明

膝盖僵硬可能导致膝盖、股四头肌和肌腱损伤。这是最高级的股四头肌拉伸，在尝试拉伸时必须格外小心。由于过度弯曲膝盖的可能性更高，所以仅在拥有非常柔韧的肌肉时才可以进行此拉伸活动。通过采取以下安全保护措施，可安全地执行此拉伸而避免损伤。

朝后而不是朝上缓慢地拉动脚踝时，请集中精力确保髋部也在前移。这个双重动作会拉伸位于骨盆区域前面的髋屈肌以及股四头肌。如果大腿前部外侧或内侧酸痛或紧绷，可考虑在向后弯曲时朝远离内侧肌肉的方向旋转上身（顺时针旋转身体右侧），从而将大部分拉伸重点放在内侧肌肉上（股内侧肌和耻骨肌）。要将大部分拉伸重点放在外侧肌肉上（股外侧肌和阔筋膜张肌），可在向后弯曲时朝远离外侧肌肉的方向旋转上身（逆时针方向旋转身体右侧）。

要获得最佳的效果，用双手支撑在表面上来支撑身体很重要。此外，在小心地弓起背部时应前移髋部。这样可以更好地控制在这些肌肉上施加的拉伸量。按照这些程序操作，可最大限度拉伸股四头肌，以及位于骨盆区域前面的髋屈肌。另一个增加舒适性的安全保护措施是，将脚踝放在身后有缓冲垫的支撑面上。

也可考虑将脚背朝有缓冲垫的支撑面方向下移。这会带来整体拉伸的额外优势，因为你也会拉伸小腿内胫骨前侧的肌肉。这是多种拉伸的组合。

在此拉伸中，也可以改变躯干位置，进而通过朝内侧或外侧移动躯干来拉伸大腿内侧或外侧。

膝和大腿

第 7 章

足部和小腿

小腿和足部的骨骼由小腿中的长胫骨和腓骨，以及称为跗骨、跖骨和趾骨的小型足部骨头组成。这些骨头形成了许多关节，其中最重要的是踝关节，位于小腿的胫骨与足部的距骨之间。此关节是一种屈戌关节，它会参与跖屈（脚趾朝下）和背屈（脚趾朝上）等主要关节运动。

每节跗骨与跖骨之间的其他主要关节属于滑动关节。它们支持更多有限的足部运动。与单个滑动关节作用时产生的运动相比，多个滑动关节在足部一起作用时，可实现更大范围的运动。因此，多关节运动可实现足部外翻（足底外倾）和内翻（足底内倾）。

实现最自由的足部运动的关节是髁状关节，位于跖骨与趾骨之间。髁状关节支持脚趾屈曲、伸展、内收、外展和回旋运动。最后，支持脚趾弯曲和伸展的关节是趾骨之间的屈戌关节。

没有小腿和足中的韧带及结缔组织，关节运动和肌肉功能将会大受影响。足部关节通过许多韧带彼此相连。此区域最大的韧带是三角韧带或踝内侧副韧带。它由 4 个部分组成，这 4 个部分将胫骨与距骨、跟骨和舟状骨相连。三角韧带对面是踝外侧副韧带，它由 3 个部分组成，这 3 个部分将腓骨与距骨和跟骨相连。因为三角韧带比踝外侧副韧带强壮得多，而且胫骨比腓骨更长，所以脚踝有内翻的倾向。

支持带是小腿中另一种类型的结缔组织，它们对许多肌腱单元加以保护。这种支撑使这些肌肉更结实、更强壮，并能更高效地工作。足背区域的上侧和下侧支持带控制伸肌的所有肌腱。在足底区域，腓骨肌支持带控制腓骨长肌和腓骨短肌的肌腱。脚踝内侧的屈肌支持带控制趾长屈肌、拇长屈肌和胫骨后肌的肌腱。

最后值得注意的结缔组织是跖腱膜。跖腱膜是一条宽厚的结缔组织，为足底的足弓提供支撑。它贯穿在跟骨结节与跖骨头之间的区域。

移动脚踝和脚趾的肌肉主要位于小腿中（图 7.1）；这些肌肉拥有与肌肉等

长或更长的肌腱。最重要的肌腱是跟腱，它由腓肠肌、跖肌和比目鱼肌共享。腓肠肌和比目鱼肌是主要的跖屈肌，在跖肌和胫骨后肌以及两块趾屈肌（趾长屈肌和拇长屈肌）的帮助下发挥作用。位于小腿外侧的是另外 3 块肌肉——腓骨长肌、腓骨短肌和第三腓骨肌——在外翻足部时会使用它们。此外，足底的腓骨长肌和腓骨短肌负责弯曲脚踝。

3 块前侧的腓肠肌群（胫骨前肌、长伸肌和趾长伸肌）负责背屈脚踝，以及移动足部和脚趾。趾短伸肌、背侧骨间肌和拇短伸肌位于脚背上，用于伸展脚趾。脚底的肌肉（趾短屈肌、跖方肌、拇短屈肌、小趾屈肌、拇展肌、小趾展肌、骨间跖肌和蚓状肌）用于弯曲和展开脚趾。

脚踝和脚趾的运动范围受主动肌的力量、拮抗肌的柔韧性、韧带的紧绷程度和骨头接触或撞击的限制。最明显的限制因素之一是跖腱膜。紧绷的跖腱膜会限制脚趾伸展，而且在腱膜发炎时，还会限制跖屈。跖屈和背屈的运动范围还可能受限于形成的骨刺。过大的压力可能刺激距骨前唇和后唇以及胫骨上侧背颈部的骨细胞形成骨刺。这些裸露的骨头会导致骨头更快地接触，进而终止运动。有趣的是，除骨头撞击外，大部分运动范围限制因素都可通过拉伸训练来改变。

通常来讲，人们一天中很大一部分时间都在使用双足。因此在正常的日常活动中，例如站立、行走或跑步，足部和小腿肌肉的使用比身体中任何其他肌肉都多得多。尽管小腿的肌肉组织比大腿小得多，但它支撑着整个身体，在这些活动中承受着最重的负荷。因为双足也不断在对它们接触的表面施加力量，所以一天结束后许多人的小腿和足部肌肉会有轻微的疼痛、抽筋和松弛。拉伸和加强这些小肌群，可减轻日常活动所导致的许多疲劳和疼痛。除了帮助减少疼痛，拉伸小腿和足部肌肉还可改善整体柔韧性、力量、耐力、平衡和精力。改善这些肌群的强度和柔韧性，一般会提高人们在工作或娱乐活动中更长时间和更努力工作的能力，进而使人们更富有成效。

人们常常抱怨足弓和腓肠肌群疼痛、痉挛、躁动和松弛。像这样的问题常常是由于在肌肉上连续施加重荷所导致的。这些肌肉的长期使用也可能增加肌肉紧张性。紧绷可能导致肌腱炎和外胫炎等情况。事实上，与腓肠肌和比目鱼肌的过度使用和紧绷相关的跟腱炎很常见。外胫炎是由小腿肌肉、胫骨前肌以及一些情况下由比目鱼肌和趾长屈肌的前室炎症引起的。如果不尽早处理，所有这些情况都可能造成剧痛。在大部分情况下，对这些肌群的各种拉伸和强化训练会改善这些情况并帮助预防未来发作。

深层解剖

浅层解剖

胫骨后肌

趾长屈肌

拇长屈肌

腓肠肌

比目鱼肌

跟腱

（a）

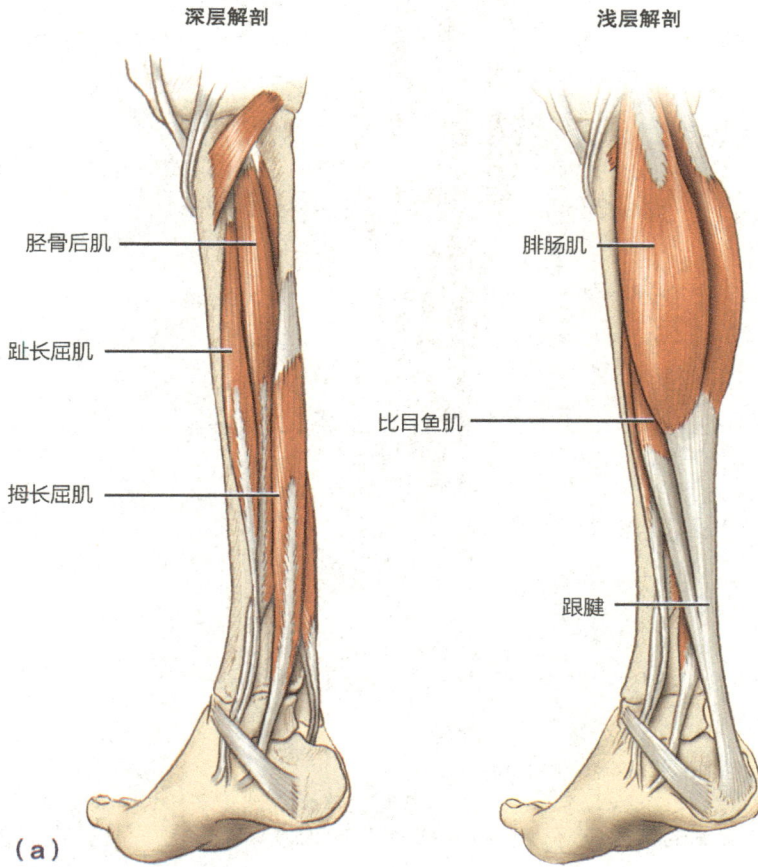

图 7.1 小腿和足部肌肉：（a）后侧

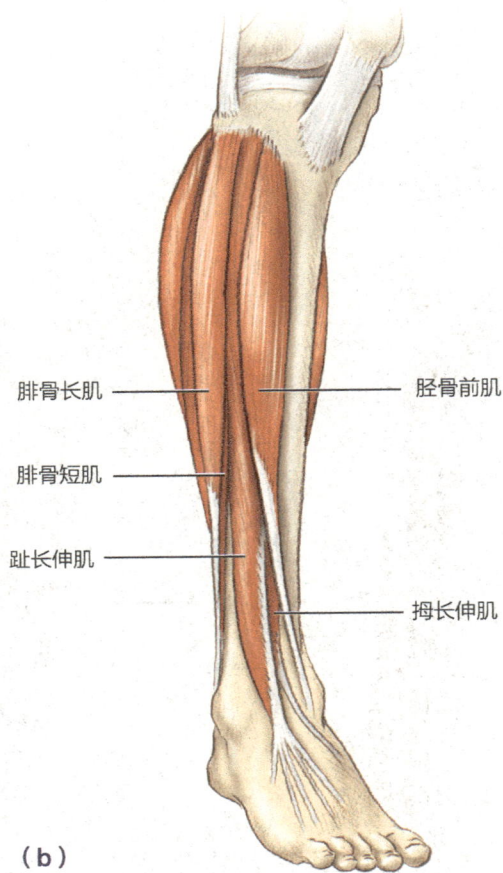

腓骨长肌　　　　　　胫骨前肌

腓骨短肌

趾长伸肌　　　　　　拇长伸肌

（b）

图7.1 小腿和足部肌肉：(b) 前侧

　　另一种常见的情况是延迟性肌肉酸痛（DOMS）。此问题通常在人们参加不常见或不熟悉的活动后发生。腓肠肌群比身体中任何其他肌群都更常受延迟性肌肉酸痛影响。推荐进行轻微拉伸训练来帮助改善此情况，减轻与它关联的一些疼痛。

　　通常来讲，要有效地拉伸特定的肌肉，拉伸必须涉及与目标肌肉的运动方向相反的一种或多种运动。例如，如果想要拉伸左侧趾长屈肌，可执行一种涉及左脚踝背屈和外翻以及左脚趾伸展的运动。当肌肉具有较高的僵硬度时，应进行较少的同时反向运动。例如，要拉伸一块非常紧的趾长屈肌，首先仅进行脚趾伸展；随着肌肉变松，可进行更多的同时反向运动。

另外推荐从不同的牵拉角度探索本书中的拉伸。通过稍微调整身体部位的位置，可改变对肌肉的牵拉。通过调整位置，可发现不同肌腱单元中任何紧绷和酸痛的位置。另外，如果在拉伸时改变位置，还可增加拉伸计划的灵活性。

本书中的腿和足部拉伸依据拉伸了哪些肌群来分组。此外，从最容易到最困难的顺序进行介绍。新参加一种拉伸计划的人可能不太柔韧，应从最容易的拉伸级别开始。参与者应在确信能够进阶到下一个级别时，才进阶到此计划中更困难的拉伸。有关详细的拉伸说明，请参阅第 9 章中的拉伸计划信息。

本章中的所有操作说明和插图都针对的是身体右侧。身体左侧可采用类似但相反的过程。应该注意，本章中的拉伸虽然都是很好的整体拉伸，但不是所有这些拉伸都完全适合每个人的需求。

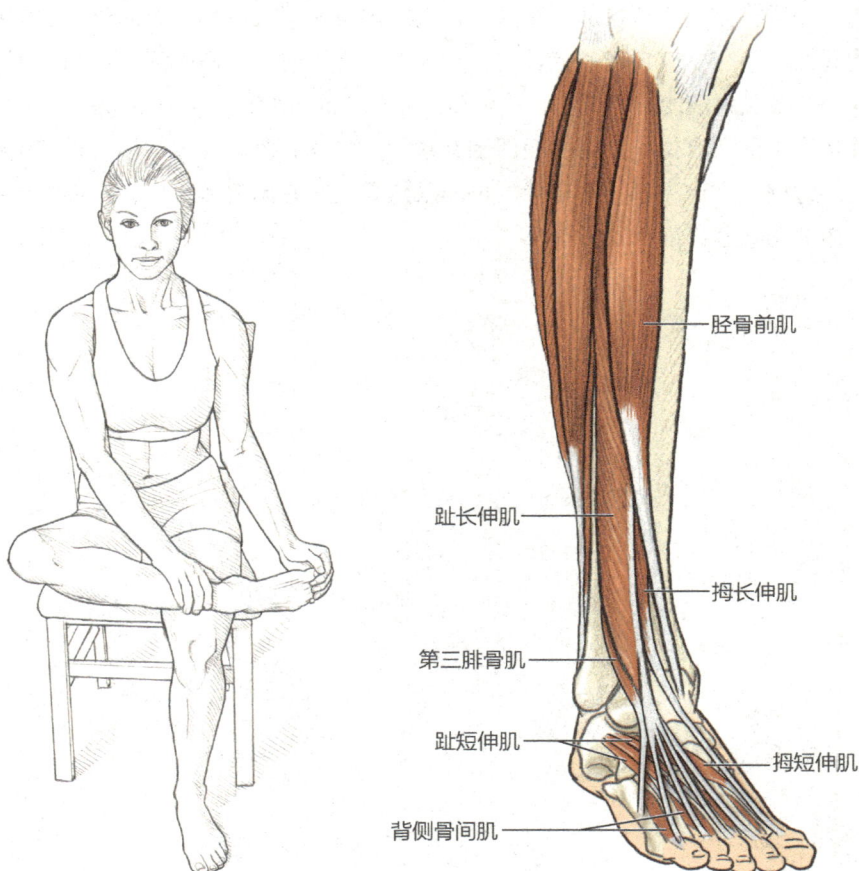

胫骨前肌

趾长伸肌

拇长伸肌

第三腓骨肌

趾短伸肌

拇短伸肌

背侧骨间肌

拉伸步骤

1. 坐在椅子上，左脚着地，抬起右脚踝并放在左膝上。

2. 用右手抓住右脚踝，同时将左手指放在右脚趾背部。

3. 朝脚底方向拉动脚趾，使其远离胫骨。

4. 对另一条腿重复此拉伸。

拉伸的肌肉

拉伸最大的肌肉： 趾长伸肌、趾短伸肌、长伸肌、拇短伸肌、胫骨前肌、第三腓骨肌

拉伸较小的肌肉： 背侧骨间肌

拉伸说明

这是一种能够减轻脚背上的趾伸肌群中的轻微疼痛和紧绷的拉伸。一般而言，这些肌肉没有脚底的趾屈肌那么强壮，因为它们在每天的跑步和行走运动中没有对地面施加力。相反，在行走或跑步过程中，它们常常被用作着地（脚趾伸展和背屈）时的拮抗肌。因此，它们可能比趾屈肌更少发生酸痛或僵硬。

此拉伸是最容易执行的拉伸之一。它可在任何闲坐的时候执行，例如看电视或执行任何类似活动时。在一天的工作结束后放松时，有规律地拉伸这些肌肉会产生神奇的效果。早晨的拉伸活动也是开启一天的有益方式。本系列拉伸训练可在一天中任何时候执行。

请牢牢抓住脚踝，以保持脚踝和足部稳定。你会感觉到脚背（背侧）被拉伸。如果抓住并拉动脚趾太痛，可将压力施加在跖球上。

足部和小腿

足部和小腿

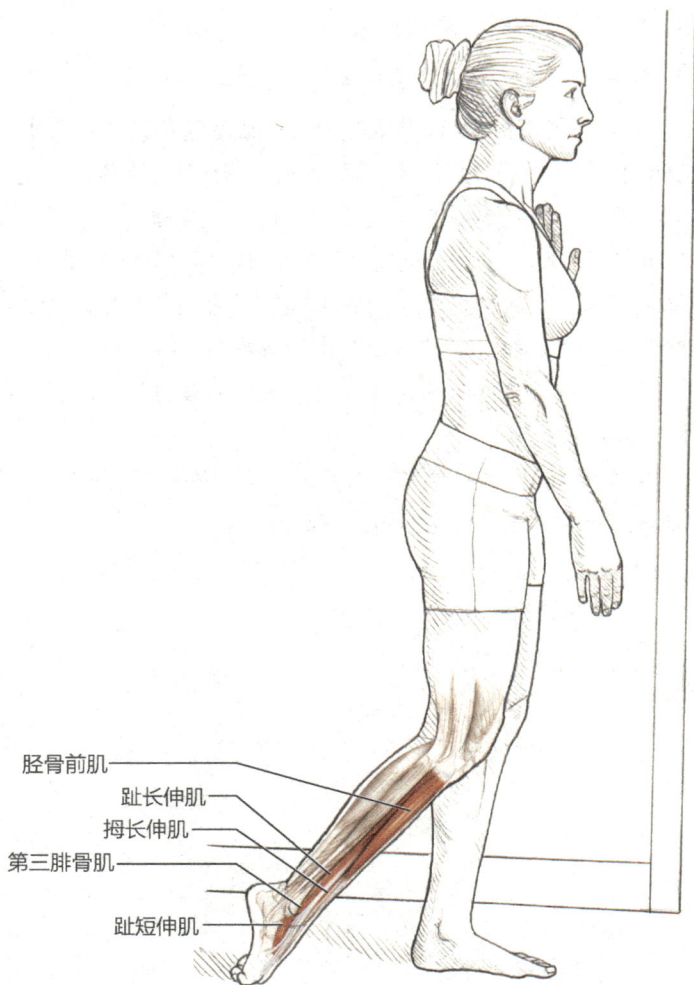

胫骨前肌

趾长伸肌

拇长伸肌

第三腓骨肌

趾短伸肌

拉伸步骤

1.站立，以一面墙或物体作为支撑来保持平衡。

2.将右脚伸向身后，脚趾背部触地。将脚背放在枕头或毛巾上，会使此拉伸更舒适。

3.保持脚背压在地面上，将身体重量放在右腿上，朝地面下压脚跟底部。

4.对另一条腿重复此拉伸。

拉伸的肌肉

拉伸最大的肌肉： 趾长伸肌、趾短伸肌、长伸肌、拇短伸肌、胫骨前肌、第三腓骨肌

拉伸较小的肌肉： 背侧骨间肌

拉伸说明

许多训练者都在胫骨前方发生过外胫炎。此情况在训练期间非常疼痛。此情况与胫骨前肌和围绕胫骨前室的结缔组织的炎症有关。它常常是由胫骨前肌的过度使用或紧绷导致的。它也可能与所穿的鞋子类型和训练地面有关。具有外胫炎的人能明显地从此拉伸中受益。当然，还需要注意鞋子，以及跑步和行走的地面。

在地毯或其他柔软表面执行此拉伸，或者在脚背与地面之间放一个软枕头或毛巾会更舒适。一定不要拖曳压在地上的脚。向内侧或外侧移动脚跟会给脚背的内侧或外侧造成更大的拉伸。另外推荐从不同的牵拉角度尝试此拉伸。这样，你就能够找到这些肌肉中的痛处或紧绷处。此拉伸比前一种更有效。在此拉伸中，整个身体的重量会给这些肌肉施加更大的压力。

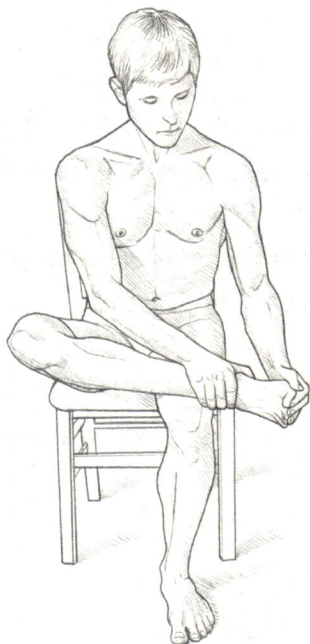

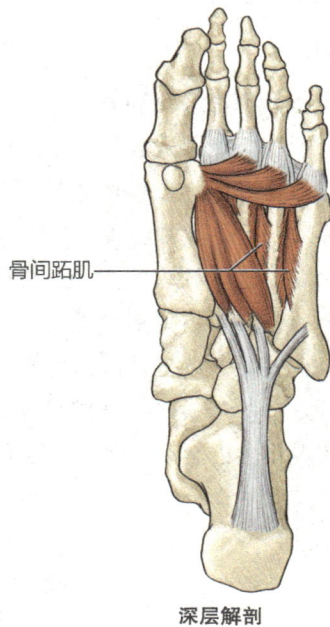

骨间跖肌

深层解剖

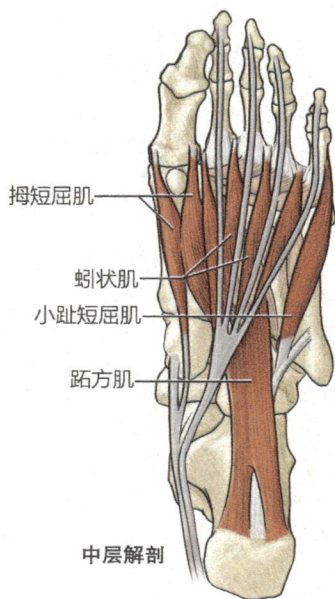

拇短屈肌

蚓状肌

小趾短屈肌

跖方肌

中层解剖

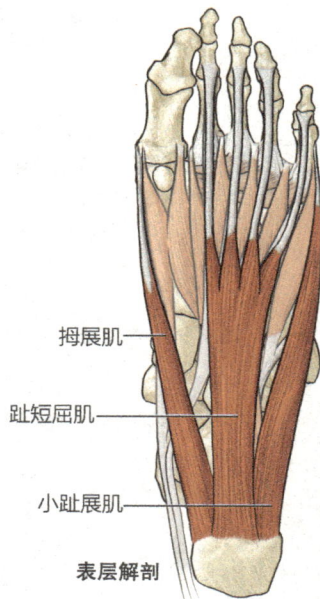

拇展肌

趾短屈肌

小趾展肌

表层解剖

拉伸步骤

1. 坐在椅子上，左脚着地，抬起右脚踝并放在左膝上。
2. 用右手抓住右脚踝，将左手指放在右脚趾底部，手指朝向与脚趾相同的方向。
3. 用左手指朝右膝方向推右脚趾。
4. 对另一条腿重复此拉伸。

拉伸的肌肉

拉伸最大的肌肉： 趾短屈肌、跖方肌、小趾短屈肌、拇短屈肌、蚓状肌、骨间跖肌、拇展肌、小趾展肌

拉伸较小的肌肉： 趾长屈肌、拇长屈肌、胫骨后肌、腓骨长肌、腓骨短肌、跖肌、比目鱼肌、腓肠肌

拉伸说明

位于足弓处的足部肌肉在日常活动中会不断受到压力。这种压力来自在站立、行走、跳跃和跑步等活动期间对身体重量的支撑。只要你移动身体，脚趾肌肉就会对地面施加力量。因此它们在一天的大多数时间里都在使用，尤其是如果你是个活跃的人。长时间行走和站立后，足部肌肉常常比身体中任何其他肌群更加疲劳、酸痛和紧绷。在工作一整天后，这些肌肉甚至可能发生痉挛。拉伸这些趾屈肌将有助于减轻辛苦工作一整天后的疼痛和酸痛，让你感觉更舒服。足底的肌肉非常敏感，能非常好地响应拉伸训练。在一天的行走后，轻微的按摩加上轻微的拉伸训练会让你的足部感觉非常放松。

确保牢牢抓住脚踝，以保持足部和脚踝稳定。用左手掌用力推趾尖，会提供大得多的拉伸。你会感觉到脚掌（足底）被拉伸。

高级站姿趾屈肌拉伸

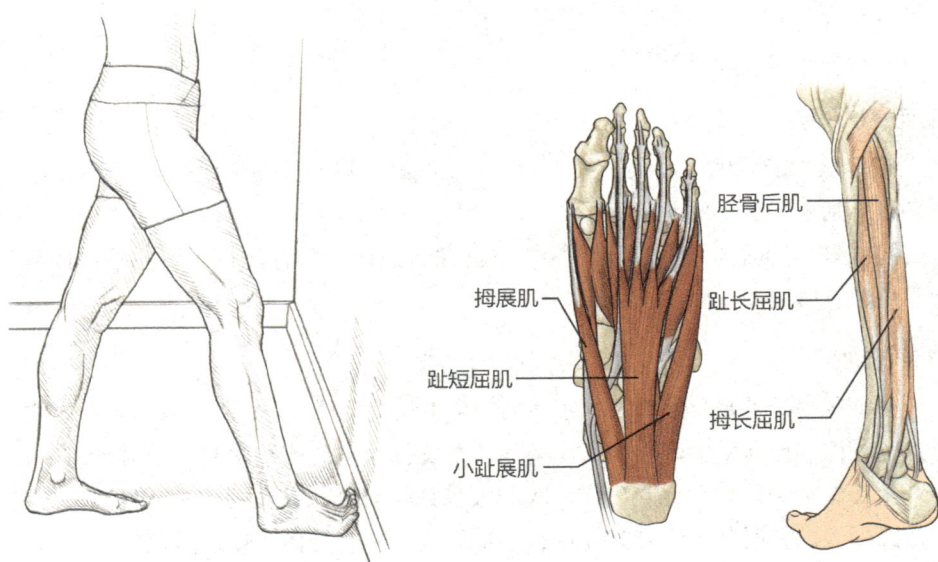

胫骨后肌

拇展肌

趾短屈肌

小趾展肌

趾长屈肌

拇长屈肌

拉伸步骤

1. 面朝墙壁站立，离墙 30 至 60 厘米。

2. 保持右脚跟着地，朝墙压右脚趾底部。跖球离地面的高度应超过 2 厘米。

3. 前倾并缓慢下滑右脚跖球，保持脚趾压在墙上。

4. 对另一条腿重复此拉伸。

拉伸的肌肉

拉伸最大的肌肉： 趾短屈肌、跖方肌、小趾短屈肌、拇短屈肌、蚓状肌、骨间跖肌、拇展肌、小趾展肌

拉伸较小的肌肉： 趾长屈肌、拇长屈肌、胫骨后肌

拉伸说明

你是否试过连续不停地开几小时车？你是否厌倦了长时间踩和松油门或保持在同一个油门位置？我们大部分人都遇到过这种情况。足部的肌肉不习惯这么做，它们疲倦了。此拉伸或之前的任何拉伸都对长时间驾驶有益。

确保跖球与地面平行，这样可确保所有脚趾被同等地拉伸。另外，请缓慢地下滑跖球，否则可能发生过度拉伸。缓慢地弯曲右膝并朝墙的方向移动膝盖，会让腓肠肌群参与拉伸。

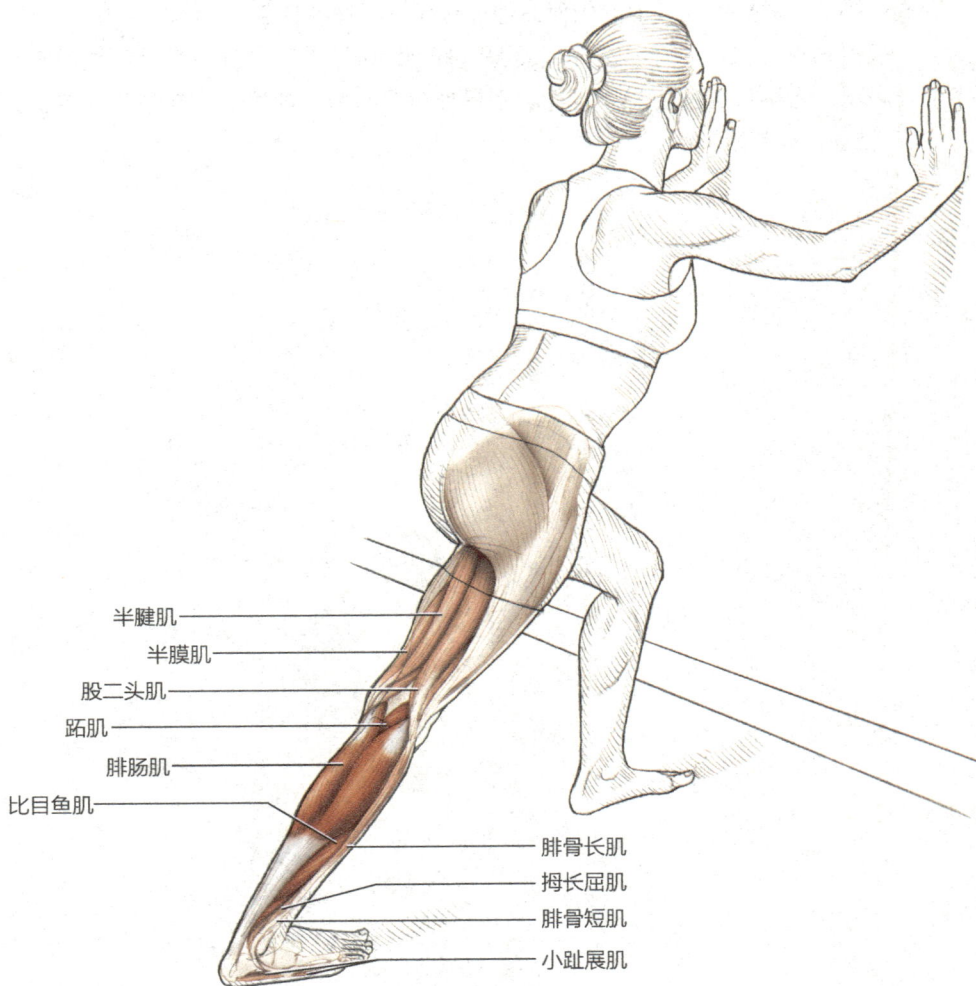

半腱肌

半膜肌

股二头肌

跖肌

腓肠肌

比目鱼肌

腓骨长肌

拇长屈肌

腓骨短肌

小趾展肌

拉伸步骤

1. 面朝墙站立，离墙 60 厘米远。

2. 双手支撑在墙上。

3. 保持左脚位置不变，将右脚放在左脚后 30 至 60 厘米处。左脚离墙 30 至 60 厘米远，右脚离墙 60 至 120 厘米远。

4. 保持右脚跟着地，朝墙的方向前倾胸部。可以稍微弯曲左膝以方便朝墙移动胸部。

5. 对另一条腿重复此拉伸。

拉伸的肌肉

拉伸最大的肌肉： 腓肠肌、比目鱼肌、跖肌、腘肌、趾长屈肌、拇长屈肌、胫骨后肌

拉伸较小的肌肉： 腓骨长肌、腓骨短肌、趾短屈肌、跖方肌、小趾短屈肌、拇短屈肌、小趾展肌、拇展肌、腘肌、半腱肌、半膜肌、股二头肌

拉伸说明

任何时候开始一次训练计划或参加不常见或不熟悉的活动，你都可能在后面几天感觉肌肉酸痛。这常常被称为延迟性肌肉酸痛。这种疼痛的感觉在训练后 24 到 72 小时最强烈。上坡或下坡或跑动通常都会产生这种疼痛的效果。腓肠肌群受到的影响通常比身体中任何其他肌群都大。连续几天重复拉伸这些肌肉，有助于减轻延迟性肌肉酸痛。

随着胸部靠近墙壁，稍微弯曲膝盖会重新调整胫骨，增加肌肉附着点之间的距离。这将增加胫骨后肌、拇长屈肌和趾长屈肌上的拉伸，同时减少股后肌群的拉伸。

高级跖屈肌拉伸

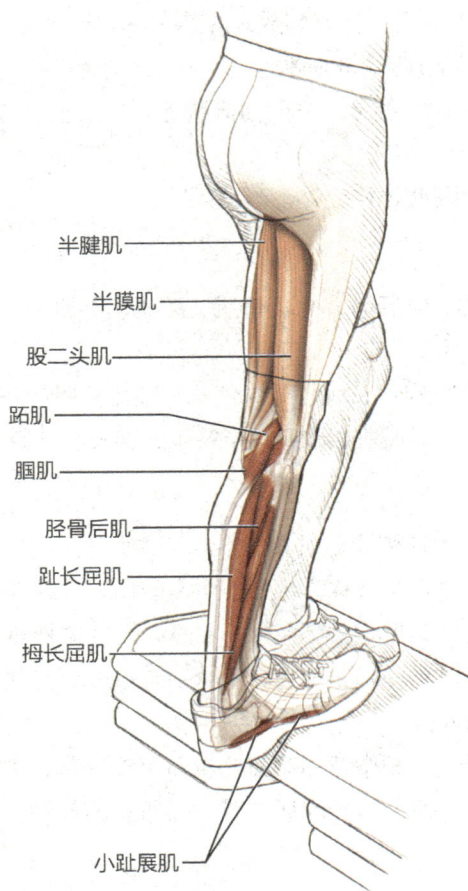

半腱肌

半膜肌

股二头肌

跖肌

腘肌

胫骨后肌

趾长屈肌

拇长屈肌

小趾展肌

拉伸步骤

1. 站立在椅子或横梁边缘，右足中部放在边缘上。至少用一只手牢牢抓住一个支撑物。

2. 保持右膝伸直，左膝稍微弯曲。

3. 尽可能降低右脚跟。

4. 对另一条腿重复此拉伸。

拉伸的肌肉

拉伸最大的肌肉：腓肠肌、比目鱼肌、跖肌、腘肌、趾长屈肌、趾短屈肌、拇长屈肌、拇短屈肌、胫骨后肌、跖方肌、小趾短屈肌、小趾展肌、拇展肌

拉伸较小的肌肉：半腱肌、半膜肌、股二头肌

拉伸说明

许多运动员都会发生腱炎，也就是肌腱的慢性炎症。腱炎是由于与受影响的肌腱关联的肌肉被长期过度使用和紧绷所导致的。小腿中最容易发生此情况的位置是跟腱。腓肠肌和比目鱼肌附着到此肌腱上。如果不加治疗，跟腱炎将变得极其疼痛，会限制你参加几乎任何体育运动。研究显示，大部分人都没有花足够的时间和精力来拉伸这些肌肉。摆脱这种腱炎常常需要很长时间（可能几个月）。你的整体训练计划中应包含对这些肌肉的合理的拉伸计划。

一般而言，此拉伸最适合腓肠肌群。穿着鞋做此拉伸会更舒服。始终支撑着身体——如果身体没有支撑，可能导致这些肌肉收缩，而不是拉伸。脚跟到达最低点后，稍微弯曲膝盖来施加更大的拉伸。这将拉伸胫骨后肌、拇长屈肌和趾长屈肌，同时减少股后肌群的拉伸。将跖球放在椅子或横梁的边缘，会增加对这些肌群的起端（上半部分）的拉伸。将脚中部放在椅子或横梁的边缘，会增加对这些肌肉的下半部分的拉伸。椅子的边缘越尖锐，在椅子与足部之间就能产生更大的抓力，对这些肌肉也会产生更大的拉伸。

足部和小腿

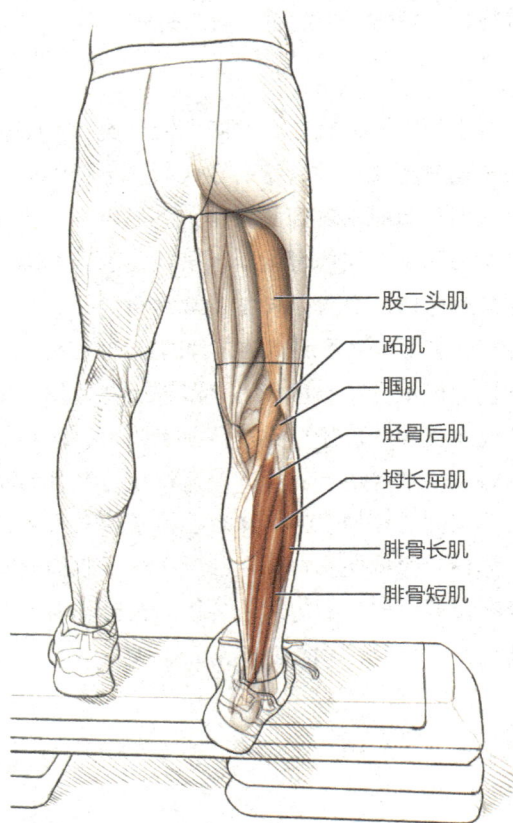

股二头肌
跖肌
腘肌
胫骨后肌
拇长屈肌
腓骨长肌
腓骨短肌

拉伸步骤

1. 站立在椅子或横梁边缘，右足中部放在边缘上。

2. 通过以脚外侧着地的方式站立，将足部翻转。

3. 保持右膝伸直，左膝稍微弯曲。

4. 至少用一只手抓住一个支撑物。

5. 保持足部翻转，尽可能降低右脚跟。

6. 对另一条腿重复此拉伸。

拉伸的肌肉

拉伸最大的肌肉： 腓骨长肌、腓骨短肌、第三腓骨肌、小趾展肌、比目鱼肌的外侧、腓肠肌的外侧、拇长屈肌、胫骨后肌

拉伸较小的肌肉： 腘肌、跖肌、腓肠肌的内侧头、股二头肌、趾短屈肌、跖方肌、小趾短屈肌、拇短屈肌

拉伸说明

我们中许多人都会遇到腓肠肌群外侧酸痛和紧绷。任何时候在不平坦或不稳定的表面（例如草地或沙滩）上行走或跑动，或者朝下坡行走或跑动，都可能发生这种情况。这种酸痛常常会在运动后几天内感觉到。这种情况被称为延迟性肌肉酸痛。遇到这种问题时，强烈推荐开始执行拉伸计划，尤其是针对感觉到这种疼痛的肌肉。这种特定的拉伸对小腿外侧很有帮助。

穿着鞋做此拉伸会更舒适。此拉伸非常适合腓骨长肌、腓骨短肌和小趾展肌，这些肌肉位于小腿和足部的外侧。让脚处于翻转位置时请格外小心，一定要缓慢地加强此拉伸训练。右脚跟着地或到达最低点后，稍微弯曲右膝来增加拉伸。这会消除对股后肌群的任何拉伸，但会进一步拉伸腓肠肌群。

跖屈肌和足内转肌拉伸

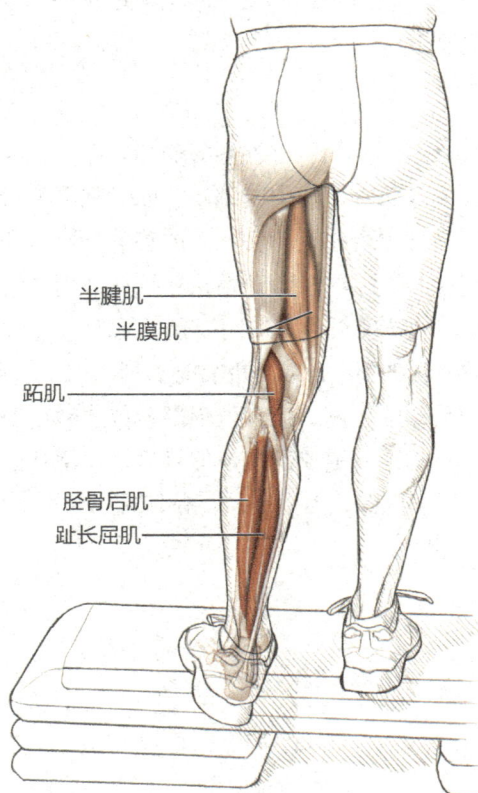

半腱肌

半膜肌

跖肌

胫骨后肌

趾长屈肌

拉伸步骤

1. 站立在椅子或横梁边缘上，左足中部放在边缘上。

2. 通过以脚内侧着地的方式站立，将足部翻转。

3. 保持左膝伸直，右膝稍微弯曲。

4. 至少用一只手抓住一个支撑物。

5. 保持足部翻转，尽可能降低左脚跟。

6. 对另一条腿重复此拉伸。

拉伸的肌肉

拉伸最大的肌肉： 趾长屈肌、拇展肌、比目鱼肌的内侧、胫骨后肌、跖肌

拉伸较小的肌肉： 趾短屈肌、跖方肌、拇短屈肌、小趾短屈肌、腓肠肌内侧、半腱肌、半膜肌

拉伸说明

许多耐力训练者都受到过外胫炎的困扰。这种情况常常是由跖屈肌和内转肌的过度使用或紧绷所导致的。在外胫炎不断带来疼痛时，很难执行任何体育运动。此拉伸专门拉伸趾长屈肌和比目鱼肌的内侧面。有这种问题的人肯定能从此拉伸中受益。当然，还要考虑鞋子以及跑步和行走的地面。此外，在任何康复计划中都应包含全面的拉伸计划。

穿着鞋做此拉伸会更舒适。此拉伸非常适合趾长屈肌、比目鱼肌内侧和拇展肌，这些肌肉位于小腿和足部的内侧。让脚处于翻转位置时请格外小心，一定要缓慢地加强此拉伸训练。左脚跟着地或到达最低点后，稍微弯曲左膝可增加拉伸。这会减少对股后肌群的拉伸，但会增加对趾长屈肌、比目鱼肌内侧和拇展肌的拉伸。

第 8 章

动态拉伸

柔 韧性是身体健康的一个重要指标。一般而言，柔韧性更高的人具有更高的表现能力和更低的受伤风险。因此，许多运动员在其培训计划和运动前热身活动中都包含了旨在增强柔韧性的拉伸训练。

然而，从 20 世纪 90 年代末开始，一些研究人员对所谓的拉伸的好处提出了质疑。许多研究都表明，运动前的静态拉伸可能影响人们的运动表现。例如，运动前静态拉伸可能减少肌肉的最大力量、垂直跳跃表现、跑动速度和肌耐力。此外，一些最新的研究也未能在运动前静态拉伸与损伤预防之间建立起联系。实际上，一些研究已证明，具有较高柔韧性水平的运动员比具有中等柔韧性的运动员更可能受伤。一些证据显示，极度紧绷的人不太可能遇到肌肉劳损，但据推测如果运动前静态拉伸减少了这种类型的损伤，是因为它能减少肌肉的整体力量。猛烈地收缩肌肉时，会发生劳损、拉伤和撕裂，所以通过减少力量输出，导致损伤的可能性更小。最后一定要注意，尽管许多研究显示运动前静态拉伸没有好处，但仍然有许多证据支持运动后的静态拉伸有很多的好处。

动态拉伸的流行，源于传统的运动前静态拉伸所带来的并发症。正如前言中所述，肌梭本体感受器具有一个快速动态分量和慢速静力性分量，它们不仅提供了长度变化量信息，还提供了长度变化速率信息。快速的长度变化可以引起牵张反射或肌伸张反射，以尝试引起已拉伸的肌肉进行收缩来对抗拉伸。较慢的拉伸允许肌梭放松并使用新的更长的长度。因此，需要快速、有力的动作（例如跑动、跳跃或踢腿）的动态运动，会利用动态感受器来限制柔韧性。所以，研究人员开始研究在准备执行动态运动时，激活动态感受器的动态拉伸是否更有益。

动态拉伸使用摇摆、跳跃或夸张的运动，以便运动的动量能使四肢达到或超过常规的运动范围限制，激活一种本体感受性反射响应。适当地激活本体感受器，可助长激活肌肉细胞的神经。这种助长使神经能够更快地被触发，进而使肌肉能执行快速且更有力的收缩。在以后，它可用一种更特别的方式让肌肉和关节做好准备，因为身体正在经历它可能会在运动中反复执行的动作。它还对神经系统有帮助，因为动态运动会比静态拉伸更多地激活人的神经系统。因为动态拉伸在整个热身运动中还包含匀速运动，所以它能保持核心体温，而静态拉伸则可能导致体温下降几度。

研究表明，通过关节的主动运动范围来控制运动的动态拉伸，增加了力量的发挥，例如冲刺和跳跃。而且，我们没有看到过短期或长期动态拉伸对表现有何副作用的报告。例如，一项研究显示，动态拉伸持续 90 秒以上时，人的表现改善了，而短期拉伸的改善很小或没有变化。此外，一些研究显示，如果在静态拉伸后执行动态拉伸，可减少或消除静态拉伸的负面影响。因此，现在强烈推荐在参加任何运动之前执行动态拉伸。

与任何其他运动一样，执行动态拉伸时，必须遵守特定的准则和原则。

- 在一次有效的热身中，动态拉伸应持续 10 到 15 分钟或重复 10 到 20 次。
- 执行一项特定活动时观察初始的身体位置，然后确保从相同的初始位置开始动态拉伸。
- 记下每个关节的运动范围。动态拉伸不应大大超出准备活动的运动范围。不要弹跳。
- 动态拉伸应严格地重复在运动期间使用的动作。使用良好的技术，确保使用了在运动中通常会使用的所有肌肉。如果动态拉伸模仿一项特定的运动技能，例如高举膝，那么拉伸应利用该技能的特定因素。如果仔细地尽可能接近地模仿该技能，可加强技能特征的学习，消除引入错误技术的可能性。
- 执行动态拉伸时，可在同一个位置执行重复动作或移动一段设定的距离。无论是留在原地还是移动，都应缓慢地开始每次拉伸，在每次重复时渐进地增加动作范围和运动速度。例如，如果移动一段距离，首先行走，进而跳跃，最后跑动。
- 动态拉伸可单独或组合进行。组合两种或更多种拉伸会在计划中带来多样性，让你能够更好地模仿更复杂的技能。

总之，每次动态拉伸都应在原地或一段给定的距离内重复 10 到 20 次；你应渐进地增加动作范围和运动速度；在整个拉伸过程中肌肉应收缩；你应在每次重复时使用正确的技术，就像在正常执行该动作一样；还必须通过执行没有弹跳的特定动作，确保运动完全可控。

　　准备参加竞赛或娱乐活动的人可使用以下动态拉伸作为运动前的热身活动。在大部分情况下，它们对几乎任何体育运动都非常有帮助。这些动态拉伸集中在身体中的主要肌群，非常容易执行。如果在计划中包含这些运动前的动态拉伸，训练或运动会变得更有趣。在下一章中，我们将介绍针对各种不同体育运动的更具体的计划和建议。在判断哪些拉伸运动最适合你时，就会有多种选择。

动态髋外旋肌和内旋肌拉伸

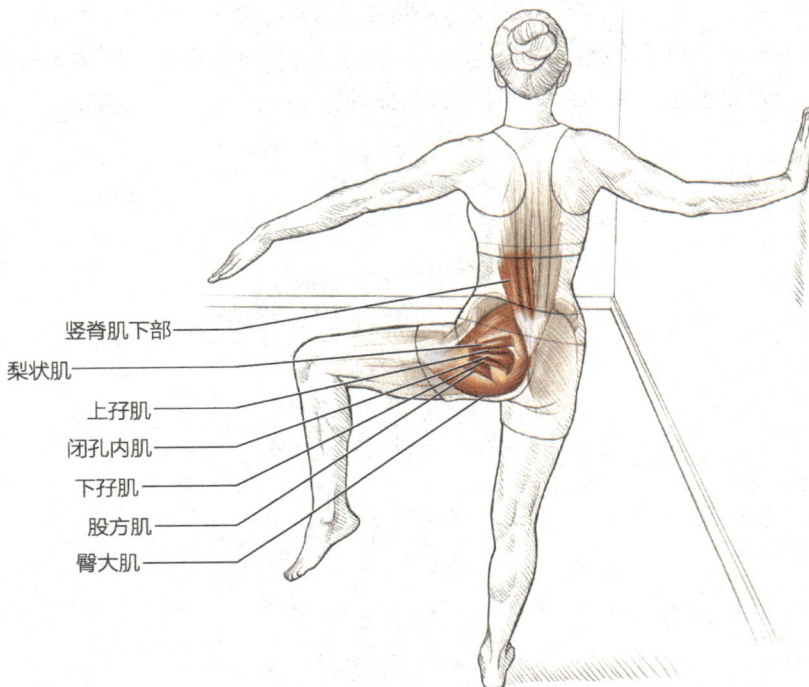

竖脊肌下部

梨状肌

上孖肌

闭孔内肌

下孖肌

股方肌

臀大肌

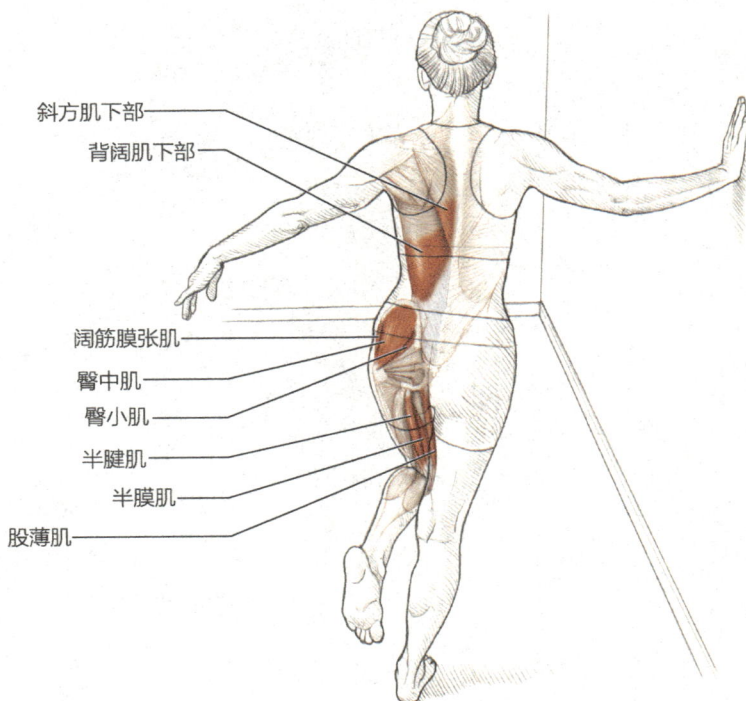

斜方肌下部

背阔肌下部

阔筋膜张肌

臀中肌

臀小肌

半腱肌

半膜肌

股薄肌

拉伸步骤

1. 右脚站立，膝盖打直。身体右侧面向一个支撑面，例如一面墙、一个边角或门口。抓住支撑物上与肩等高的位置。

2. 稍微弯曲左膝和髋部，让左腿在放松状态下下垂，作为此动态拉伸的起点。

3. 围绕髋部摆动并旋转弯曲的左腿，以动态方式朝内外方向做圆周运动。

4. 保持躯干打直，让圆周运动围绕髋关节进行。

5. 对另一条腿重复此拉伸。

拉伸的肌肉

外旋转时拉伸最大的肌肉： 臀大肌、臀中肌、臀小肌、梨状肌、上孖肌、下孖肌、闭孔外肌、闭孔内肌、股方肌、竖脊肌下部

内旋转时拉伸最大的肌肉： 臀中肌、臀小肌、阔筋膜张肌、半腱肌、半膜肌、股薄肌、背阔肌下部、斜方肌下部

拉伸说明

髋外旋肌位于髋部深层组织内的臀大肌下方。在这些特定的肌肉受到不常见的压力时或参加日常生活中不常见的活动后，它们可能变得酸痛或紧绷。酸痛或紧绷常常是因为在一些活动中大量使用髋外旋肌和内旋肌所致，例如，滑冰、轮滑或滑冰式越野滑雪。其他许多活动也很容易导致肌肉在随后不舒服或疼痛，例如，需要冲刺、跳跃和突然改变方向的即兴足球运动。

在随后的几天中，如果这些特定肌肉仍然酸痛或紧绷，那么在开始执行任何需要髋部外旋或内旋运动的活动之前，可通过此动态拉伸来进行热身运动。这种动态拉伸会增加肌肉运动的效力，提高你在许多体育运动中的整体表现。

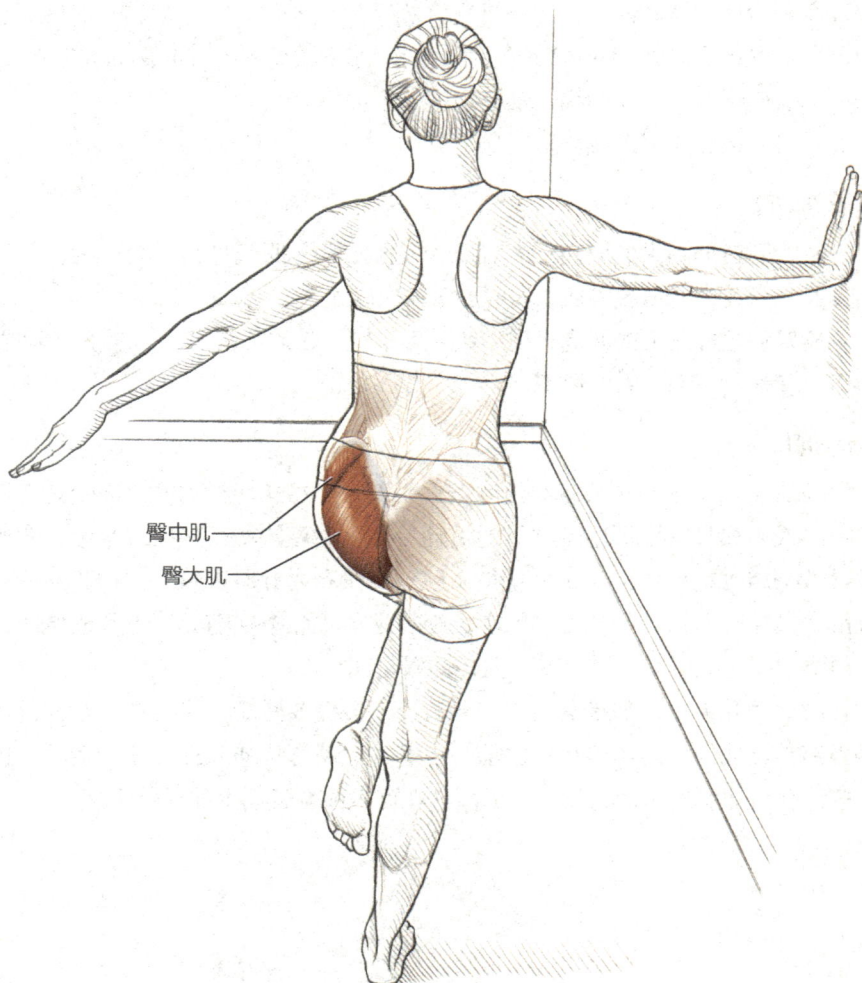

臀中肌

臀大肌

拉伸步骤

1. 右脚站立，膝盖打直。身体右侧面向一个支撑面，例如一面墙、一个边角或门口。抓住支撑物上与肩等高的位置。

2. 稍微弯曲左膝和髋部，让左腿在放松状态下下垂，作为此动态拉伸的起点。

3. 在身体前方动态地左右摆动左腿，留出足够的间隙，以避免碰到右腿。确保摆动的腿的膝盖保持稍微弯曲。

4. 保持躯干打直，使用位于大腿和髋部内的内收肌与大腿和髋部外的外展肌来让在髋关节内完成该运动。

5. 对另一条腿重复此拉伸。

拉伸的肌肉

大腿内侧拉伸最大的肌肉： 股薄肌、大收肌、长收肌、短收肌、耻骨肌、缝匠肌中部和下部、半腱肌、半膜肌

大腿外侧拉伸最大的肌肉： 臀中肌、臀小肌、臀大肌、阔筋膜张肌、缝匠肌上部

拉伸说明

髋部和大腿内侧与外侧的肌肉非常大。作为一个肌群，它们分别称为内收肌群和外展肌群。这些肌肉负责髋部内收（将腿朝身体中线方向移动）和外展（将腿朝远离身体中线的方向移动）。它们也将双腿保持在身体正下方，在执行日常活动时起到稳定的作用。一些不常见的运动或活动，例如反复爬楼梯或登山、下山，可能导致这一区域的肌肉感觉酸痛或疲劳，这种情况很容易在随后几天中持续。定期拉伸可以减轻一些症状。强烈推荐在参加体育运动或其他重体力活动之前或之后拉伸内收肌群和外展肌群，帮助防止损伤或出现这些症状。

对于感觉大腿内侧或外侧的肌肉疼痛或经常僵硬的人，这是一种很有帮助且有效的运动前动态拉伸。身体所有区域的疼痛常常是肌肉酸痛导致的。肌肉酸痛时，常常也会感觉到它们很僵硬。存在此情况的人倾向于限制受影响的肌肉的动作范围来避免疼痛。因此，根据疼痛的严重程度，正常的日常活动可能受到显著影响。存在肌肉酸痛或紧绷的人在开始一项运动之前，应专门尝试动态地活动损伤的肌肉，而不是避免运动。在活动前对髋内收肌和外展肌执行此动态拉伸，会增加这些肌群的柔韧性和热度，进而会降低损伤的可能性或严重性，还可能提高运动能力。

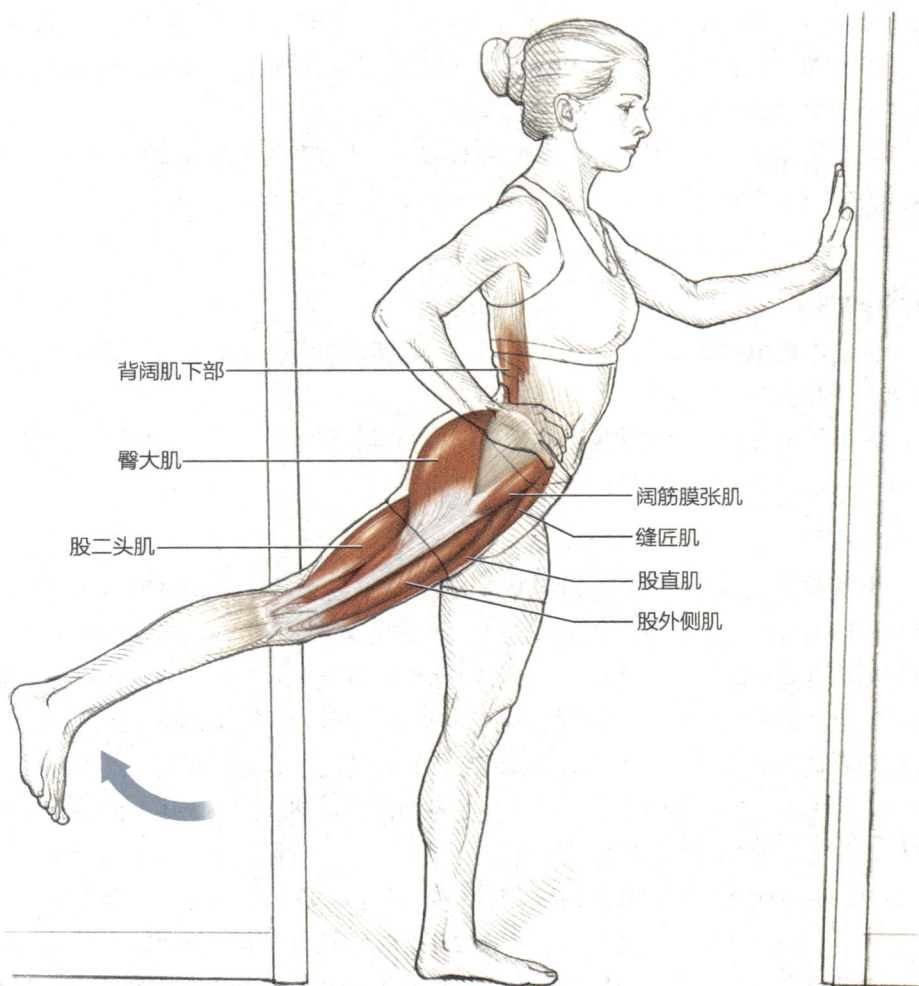

背阔肌下部

臀大肌

股二头肌

阔筋膜张肌

缝匠肌

股直肌

股外侧肌

拉伸步骤

1. 面朝门的一侧站立。左腿站立，膝盖打直。抓住与肩等高的支撑物。

2. 稍微弯曲右膝和髋部，让右腿在放松状态下下垂，作为此动态拉伸的起点。

3. 保持右腿稍微弯曲，动态地前后摆动右腿，使它在与门开口方向平行的方向上摆动。

4. 保持躯干打直，使用髋部的屈肌和伸肌来在髋关节前后执行该动作。

5. 对另一条腿重复此拉伸。

拉伸的肌肉

髋前侧拉伸最大的肌肉： 股直肌、股外侧肌、股中间肌、股内侧肌、阔筋膜张肌、缝匠肌

髋后侧拉伸最大的肌肉： 臀大肌、半腱肌、半膜肌、股二头肌、竖脊肌下部、背阔肌下部

拉伸说明

在大多数体育运动中都会大量使用髋屈肌和伸肌。这些肌肉常常最先疲劳，进而导致性能下降。随着运动员继续使用这些肌肉，就会发生肌肉酸痛和紧绷。如果它们没有得到适当拉伸，股后肌群和股四头肌很可能会变得更加紧绷。在训练期间显著提高速度、跑动距离或登山运动量的运动员，股后肌群和股四头肌经常会紧绷。在运动期间随着肌肉变暖，肌肉紧张可以减轻，但当运动员停止运动时，疼痛可能复发。因此，在运动后适当地拉伸特别重要。

同样重要的是在参加常规性锻炼之前执行一些动态的运动前拉伸。这种对髋屈肌和伸肌的动态拉伸，将减轻在大量运用这些肌肉时可能遇到的一些问题。我们推荐在执行任何高强度锻炼之前，执行此拉伸作为热身运动。

动态站姿膝屈肌拉伸

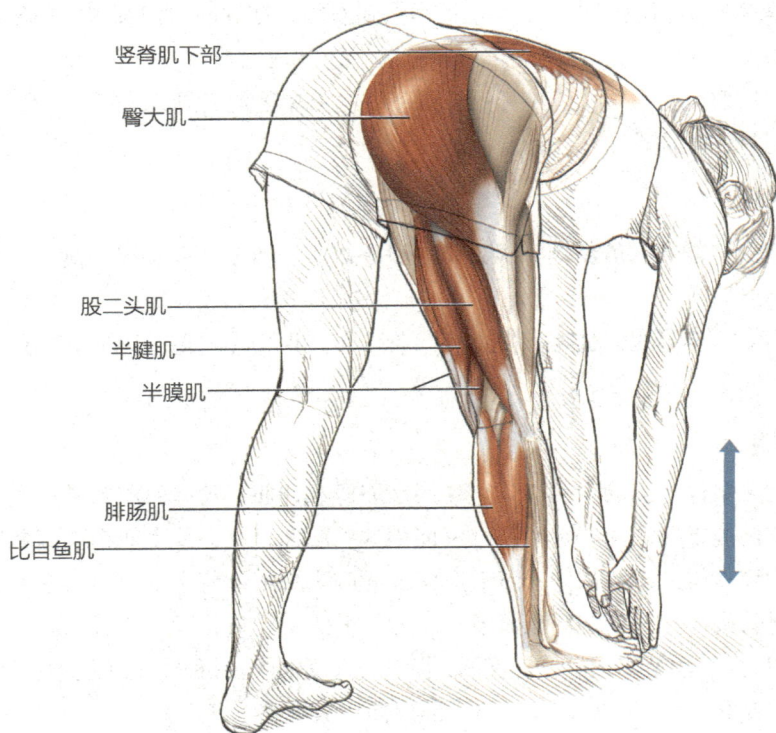

竖脊肌下部
臀大肌

股二头肌
半腱肌
半膜肌

腓肠肌
比目鱼肌

拉伸步骤

1. 站立，右脚跟在左脚跟前方 30 至 60 厘米。
2. 保持右膝打直，左膝稍微弯曲，朝右膝方向弯曲躯干。
3. 双手伸向右足。
4. 通过上下运动来动态地执行此拉伸。
5. 对另一条腿重复此拉伸。

拉伸的肌肉

拉伸最大的肌肉： 半腱肌、半膜肌、股二头肌、臀大肌、腓肠肌、竖脊肌下部

拉伸较小的肌肉： 比目鱼肌、跖肌、腘肌、趾长屈肌、拇长屈肌、胫骨后肌

拉伸说明

参加一项运动而未做正确的拉伸，更可能导致股后肌群紧绷。股后肌群紧绷在许多运动员和参加娱乐活动的人中很常见。在运动中随着这些肌肉变暖和，肌肉紧张可以减轻，但当运动员停止运动时，疼痛又可能复发。

紧绷常常表明存在轻微或严重的肌肉拉伤，这种情况主要在运动后感觉到。此外，肌肉力量不平衡，膝伸肌比股后肌群更强壮或臀肌比股后肌群更松弛，也会导致紧绷。因此，在运动后适当的拉伸特别重要，因为这是肌肉暖和且更容易接受拉伸的时候。

这是最常见的运动前股后肌群和腓肠肌群拉伸。大多数运动都会用到股后肌群，而且之前的运动可能让你感到这些肌肉不舒服。在任何类型的健康运动中，股后肌群都可能发生轻微的疼痛和紧绷。轻微拉伸这些肌肉的最佳时机是在开始另一项运动之前。在大多数情况下，轻微的动态拉伸将减轻这些不适的症状，在执行这些动态拉伸后你会感觉好得多。

要获得最佳的效果，可尝试保持右膝伸直，从髋部弯曲躯干。保持背部尽可能打直也很重要。如果股后肌群外侧紧绷，可稍微朝外转动右足，更朝右膝内侧方向弯曲头部和躯干，以增加股二头肌的拉伸。另一方面，稍微朝内转动右足并更朝膝盖外侧弯曲头部和躯干，会增加位于股后肌群内侧的半腱肌和半膜肌的拉伸。

动态跖屈肌拉伸

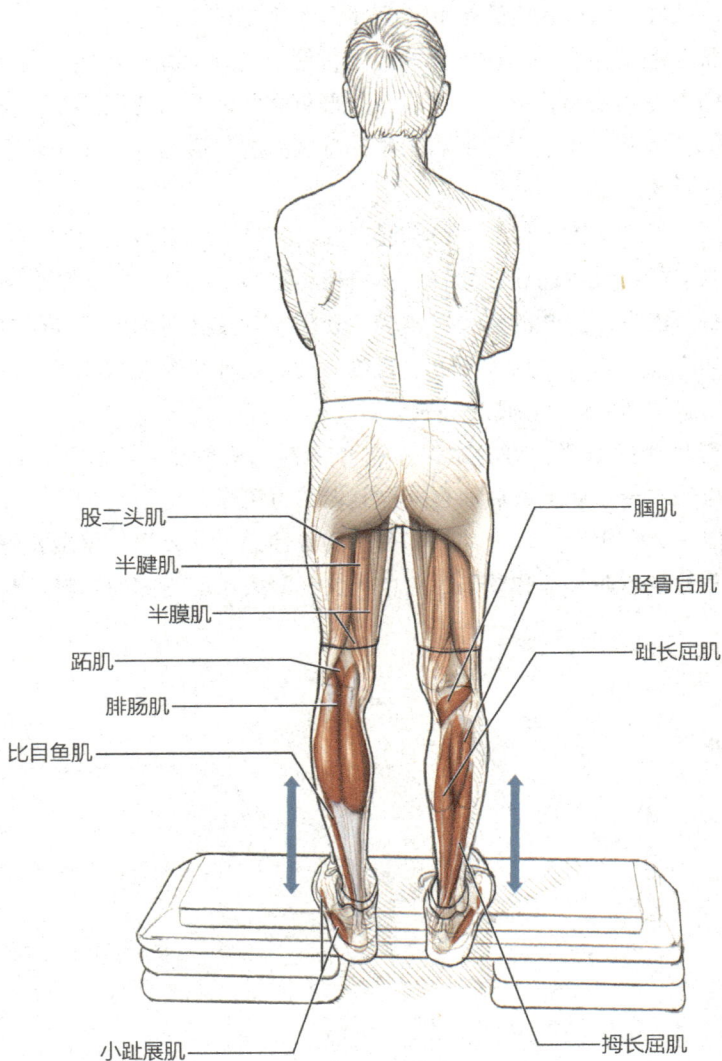

股二头肌

半腱肌

半膜肌

跖肌

腓肠肌

比目鱼肌

腘肌

胫骨后肌

趾长屈肌

小趾展肌

拇长屈肌

拉伸步骤

1. 站立在椅子或横梁边缘上，将双足中部放在边缘上。
2. 至少用一只手抓住支撑物，并保持双膝打直。
3. 尽可能降低脚跟，以上下摆动的方式动态地执行此拉伸。

拉伸的肌肉

拉伸最大的肌肉： 腓肠肌、比目鱼肌、跖肌、腘肌、趾长屈肌、趾短屈肌、拇长屈肌、拇短屈肌、胫骨后肌、跖方肌、小趾短屈肌、小趾展肌、拇展肌

拉伸较小的肌肉： 半腱肌、半膜肌、股二头肌

拉伸说明

此拉伸常常在运动后执行，但也强烈推荐用作运动前的拉伸。人们在一天的大部分时间内都会大量使用腓肠肌群，它们在行走、跑动和跳跃运动中承载着大部分负担。腓肠肌群会自然地劳累过度，这有时会导致严重的问题，例如腱炎甚至肌肉撕裂。作为运动前的拉伸，这种对跖屈肌的动态拉伸会减轻在大量使用这些肌肉时可能遇到的一些问题。我们推荐在执行任何高强度运动之前执行此拉伸作为热身运动。同时，在整体培训计划中也应该加上运动后的静力性跖屈肌拉伸。

穿着鞋子做此拉伸会更舒服。请始终支撑着身体。如果身体没有支撑，这可能导致肌肉收缩而不是拉伸。执行此运动时不要过度拉伸这些肌肉。从容易的级别开始，缓慢地进阶到更高的强度级别。

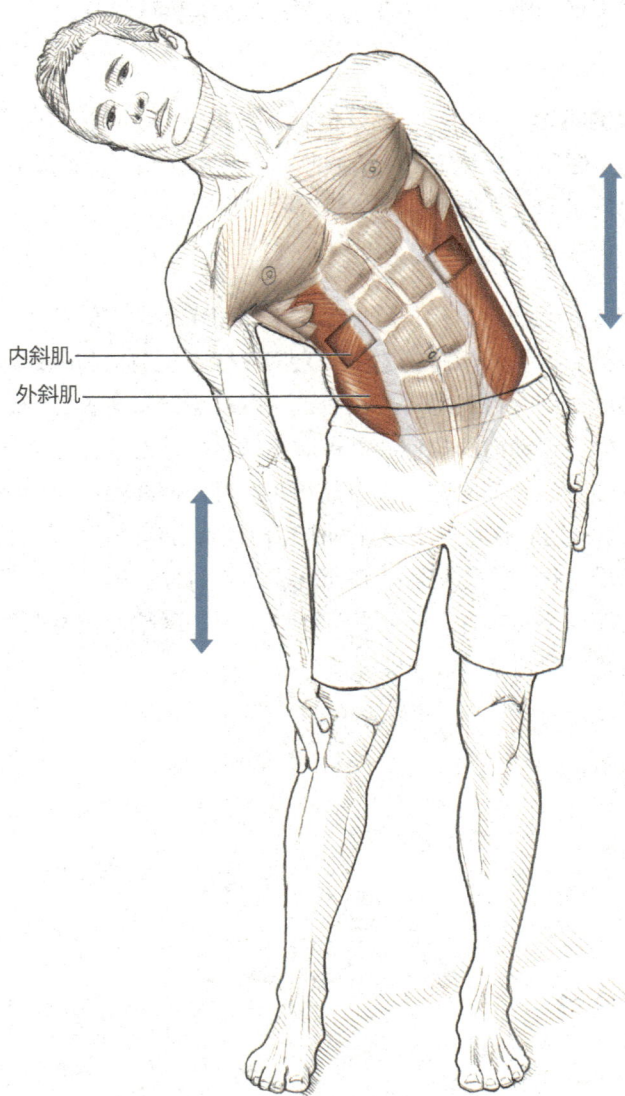

内斜肌

外斜肌

拉伸步骤

1. 站立，双足与肩同宽。

2. 让双臂在两侧自然下垂。

3. 借助双臂，以动态方式朝两侧来回弯曲躯干。上下移动右侧，右臂朝膝盖方向沿右腿下滑，随后上下移动左侧，交替执行右侧和左侧运动。

4. 在躯干两侧执行所有动态运动。

拉伸的肌肉

拉伸最大的肌肉：外斜肌、内斜肌、横突间肌、多裂肌、腰方肌、回旋肌

拉伸说明

躯干侧屈拉伸运动常常用在常规的非特殊体育运动中。每天有规律地朝不同方向弯曲躯干多次，很可能你会在这些肌肉中感觉到某种不常见的紧绷或酸痛，并希望减轻这些不适。可在侧屈的同时旋转躯干。这两种肌肉运动会牵连到躯干伸肌、屈肌和侧屈肌。改善所有躯干下部肌肉的运动范围，可增加躯干侧屈的运动范围，改善在涉及任何非特殊运动动作的活动中的表现。

这些核心肌群也常常用作稳定肌群，让其他肌肉可以施加力量。因此，保持这些肌肉处于良好的状态很重要。如果这些肌肉没有发挥出全部能力，将会影响其他肌肉的功能，你的活动水平和表现自然也会下降。

执行任何类型的躯干侧屈运动之前，一定要预热这些肌肉。以动态（挥舞）方式执行此拉伸无疑很有帮助。这也会降低在活动期间这些肌肉发生损伤或不适的可能性。

动态躯干回旋肌拉伸

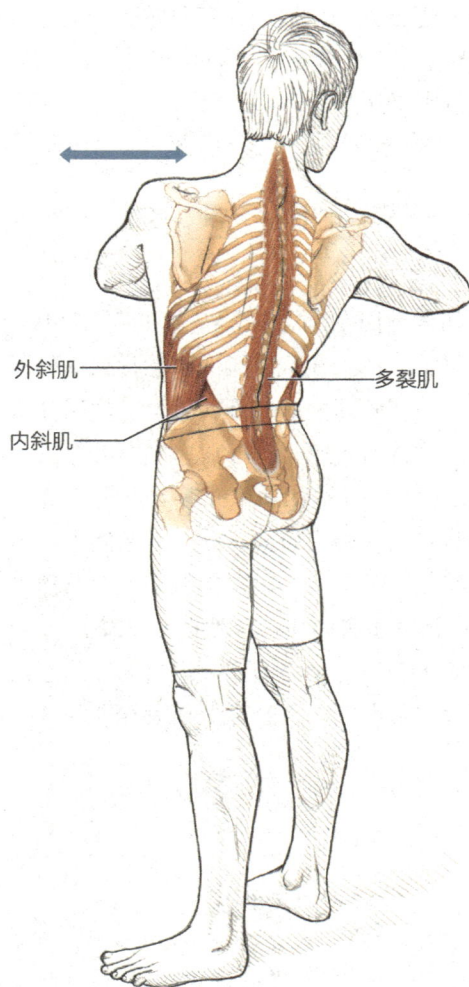

外斜肌

多裂肌

内斜肌

拉伸步骤

1. 站立,双足与肩同宽;也可坐着执行此拉伸。

2. 弯曲双肘并将双手放在胸前。在拉伸期间将双臂保持在此位置。

3. 借助双臂,以动态方式朝每侧来回旋转躯干。

4. 保持躯干打直,让动态运动在躯干内进行。

拉伸的肌肉

拉伸最大的肌肉： 多裂肌、回旋肌、外斜肌、内斜肌

拉伸说明

躯干被认为是身体的核心区域。转体是许多体育运动以及常见的日常活动中一种非常常见的运动。在日常活动中可能会定期弯曲躯干，或许每天几百次。你可能会在此区域遇到一些肌肉问题，这不足为奇。此外，高尔夫、网球和投掷运动等众多体育活动也需要旋转躯干。

旋转躯干牵连到躯干伸肌、屈肌和侧屈肌。改善所有躯干下部肌肉的运动范围，可增加转体的运动范围，改善在涉及这些动作的活动中的表现。在执行任何类型的转体运动之前预热这些肌肉无疑很有帮助。以动态（挥舞）方式执行此拉伸也可模仿这些活动中发生的特定运动模式。这会降低在活动期间这些肌肉发生损伤或不适的可能性。

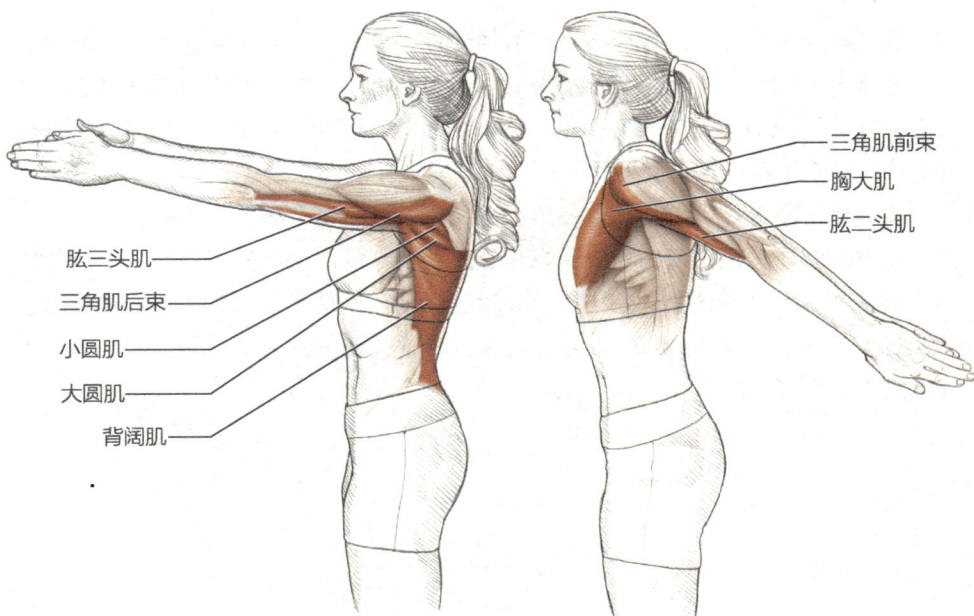

动态拉伸

三角肌前束
胸大肌
肱二头肌

肱三头肌
三角肌后束
小圆肌
大圆肌
背阔肌

拉伸步骤

1. 站立，双足与肩同宽，双臂下垂到髋部旁边。

2. 在整个运动范围内尽可能远地、动态地前后摆动双臂。

3. 保持躯干打直，让这个动态运动在脚关节内进行。

拉伸的肌肉

前摆手臂时拉伸最大的肌肉：三角肌后束、背阔肌下部、大圆肌、小圆肌、肱三头肌

后摆手臂时拉伸最大的肌肉：肱三头肌、喙肱肌、三角肌前束、胸大肌

拉伸说明

　　只要参加任何需要低手或高手抛的竞赛或娱乐活动，都会大量使用这些肌肉。季节性而不是全年都参加这些活动的人，肩部很可能出现一定的紧绷或酸痛。这是一种不错的运动前拉伸，只要在这些肌肉中感觉到紧绷或疼痛，就应该执行。这种预热拉伸也是放松肌肉，增强许多涉及肩部屈伸的体育运动中存在的摆动模式的不错方式。此拉伸可模仿实际运动活动中投掷物体时发生的动态运动模式。在这些活动之前和之后有规律地拉伸这些肌肉，可防止进一步酸痛和紧绷。任何时候参加这些活动，也应该拉伸这些肌群。使用此动态拉伸运动进行热身，可使身体为运动做好准备。这会降低这些肌群发生损伤或不适的可能性。

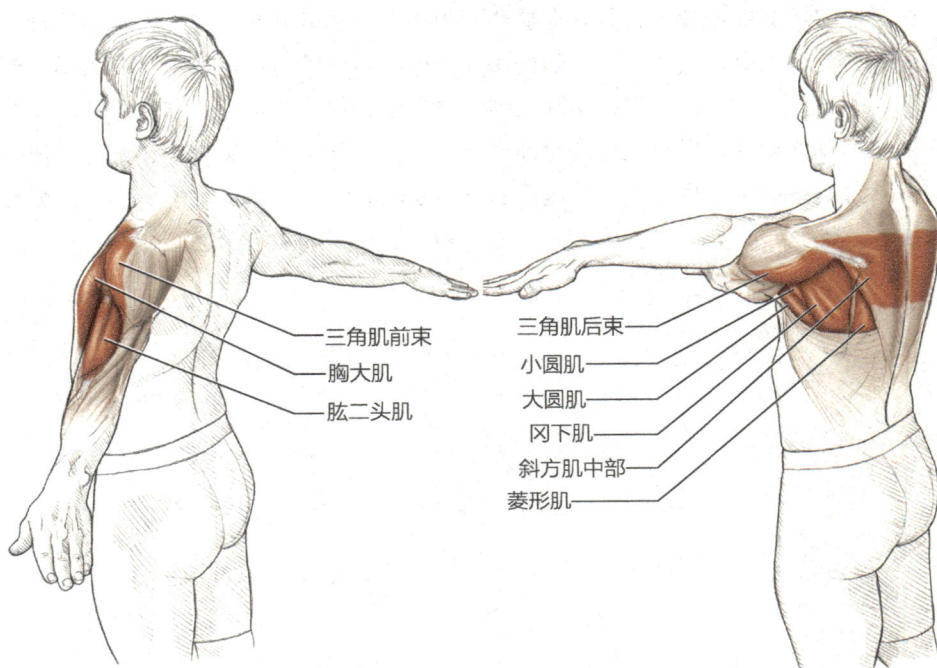

三角肌前束
胸大肌
肱二头肌

三角肌后束
小圆肌
大圆肌
冈下肌
斜方肌中部
菱形肌

动态拉伸

拉伸步骤

1. 站立，双足与肩同宽。

2. 朝两侧展开双臂，稍微低于肩部。

3. 在胸前朝两侧来回摆动双臂，将双臂尽可能朝身体内侧伸展，使它们彼此交叉。

4. 保持躯干打直，让此动态运动在肩关节中进行。

拉伸的肌肉

朝外摆动时拉伸最大的肌肉：胸大肌、胸小肌、三角肌前束、喙肱肌、肱二头肌

朝内摆动时拉伸最大的肌肉：斜方肌中部、菱形肌、三角肌后束、大圆肌、小圆肌、冈下肌、冈上肌

拉伸说明

对于参加任何需要球拍的娱乐性或竞赛性比赛（例如网球、羽毛球、壁球和回力网球）的人，此拉伸是一种不错的热身运动。此拉伸可减轻肩胛骨之间以及胸部的疼痛和紧绷。这也是放松摆动模式和平稳地发挥能力的不错方式。此拉伸可预热这些肌肉，消除任何运动前的酸痛或紧绷，而且它可模仿运动期间遇到的动态运动模式。使用此动态拉伸进行热身，可使身体为运动做好准备。开始任何类型的训练、体育或重体力活动之前，执行一系列轻微拉伸肯定会有好处。这些轻微拉伸降低了这些肌群发生损伤或不适的可能性。

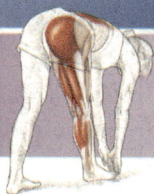

定制拉伸计划

本章中的拉伸计划适用于任何对提高柔韧性、肌肉力量和耐力感兴趣的人。要提高柔韧性。增强肌肉力量、提升耐力，你需要参加一项定期拉伸计划，最好每天或尽可能接近每天锻炼一次。改变不是一蹴而就的，而是需要几个星期的专门付出。执行这些计划时，也可以执行任何其他类型的训练套路。最新的研究表明，即使没有任何其他训练活动，重度拉伸也能提升柔韧性、肌肉力量和耐力。

与任何其他训练计划一样，进阶是成功的拉伸计划中一个必不可少的部分。拉伸进阶应是循序渐进的，从较轻的负担和每次拉伸花较少的时间进阶到较重的负担和每次拉伸花较多时间。对于这些计划，从初级水平的初始计划开始，然后进阶到高级水平。可依据你当前的经验和柔韧性水平来定制此计划。

一般而言，以推荐的速度完成每个级别会得到有意义且一致的锻炼效果。执行这些锻炼后，你会发现所用肌肉的柔韧性改善了，而且你会对完成了某项有益的事情而感到满意。

要让训练计划能够带来改变和改善，训练强度始终是一个关键因素。在一个拉伸套路中，强度由与拉伸相关的疼痛量来控制——换句话说，强度取决于你在拉伸肌肉方面付出了多大的努力。使用从 0 到 10 的疼痛范围，初始疼痛为轻微（在 1 到 3 的范围内），通常会随着每个拉伸套路中的拉伸时间延长而消失。仅在能感觉到拉伸的程度上拉伸一个特定肌群，属于轻微拉伸，具有相应的轻微疼痛。开始在拉伸的肌肉中感觉到加剧的或中等的疼痛，属于中度拉伸（4 到 6 的范围内）。在重度拉伸（7 到 10 的范围内）中，在开始拉伸时最初会体验到中等到严重的疼痛，但疼痛会随着拉伸继续而缓慢消失。

研究显示，更加重度的拉伸能更有效地改善柔韧性和力量，而不是更轻微的拉伸。因此，成功与否取决于你自己，监测拉伸强度和忍受疼痛的能力决定了改善能够多快出现以及改善有多大。控制强度是任何训练计划中的关键因素，你的拉伸计划也是如此。

由于肌肉附着的复杂性，许多拉伸训练会同时影响身体内多个不同的肌群，拉伸围绕多个关节的肌群。因此，体位的细微改变可能改变任何特定肌肉上拉伸的性质。要想获得最大的拉伸收获，知道每块肌肉可执行哪些关节动作会很有帮助。在每个动作的最大范围内活动关节，能带来最大的拉伸。

你可定制本书中的拉伸活动，并且可以考虑许多拉伸组合。另外，本书仅演示了一部分可执行的拉伸。请按照拉伸说明来实践这些拉伸。我们还提供了信息来帮助你探索各种不同的体位，通过轻微调整各种体位的角度和方向来拉伸肌肉。因此，你可调整拉伸来满足你的个人需要和愿望。例如，如果仅一块肌肉或一块肌肉的一部分感到酸痛，可调整每种训练来拉伸这块特定的肌肉。如果所介绍的拉伸或特定的体位对一块特定肌肉的拉伸没有达到你想要的程度，那么可试验稍微调整体位。不断调整体位，直到根据疼痛范围评级达到了所期望的拉伸级别。

在本章给出的计划中，提供了保持拉伸的时间，每次拉伸之间的休息时间，以及应该重复多少次的具体说明。请按照这些说明操作，以获得所描述的益处。例如，如果说明指出应保持一个拉伸体位 10 秒，请对拉伸计时，确保你坚持了所推荐的时间。另外，每个星期应仅包含 2 到 4 天的重度拉伸，在每次重度拉伸之间包含一天的轻微拉伸。

经过证明，举重训练之后进行拉伸运动能带来额外的好处，尤其是在举重训练后立即执行或在不举重的日期执行时。拉伸套路不仅能改善柔韧性，还能增加力量和耐力，改善平衡。随着我们变老，会开始失去一定的平衡能力。在日常活动中增加拉伸训练，会对平衡带来额外的改善。

在拉伸计划的开始阶段，每次拉伸以轻微拉伸开始，并将此当作热身运动。执行完初步的热身式拉伸后，进行常规拉伸。需要缓慢地增强对拉伸的忍受力。随着柔韧性的改善来逐步进阶。忍受力是通过定期拉伸建立起来的，任何类型的训练计划都是如此。拉伸被视为一种锻炼，就像任何其他锻炼套路一样。

如果肌肉似乎疲倦了，则仅对这些肌群使用轻微拉伸。不要逞强好胜。身体会告诉你是否需要放慢速度。记住，执行任何训练套路后，包括任何拉伸套路，身体都需要恢复。在恢复期间，身体会提高到更高的水平。长期过度使用肌肉常常会导致肌肉疲劳、虚弱，以及局部的肌肉收缩受阻。

最后，对于任何需要坐着或仰躺才能进行的拉伸，请在身下垫上柔软的垫子，例如地毯或体操垫。垫子会使训练更舒适和更愉快。但是，垫子应是牢固的。垫子太软会影响拉伸的效果。

第 1 章至第 7 章中的所有拉伸最好以静态方式执行，坚持拉伸指定的时长。但是，也可用动态方式执行这些拉伸，并将其作为运动前的套路。

静态和动态拉伸计划

以下计划是根据初始的柔韧性而推荐的特定拉伸。除了执行所列的拉伸，还应遵守下列一般性建议。

1. 在拉伸计划中包含身体的所有主要肌群。

2. 对每种关节运动至少做一次拉伸。

3. 执行任何体力活动之前，仅使用轻微拉伸作为热身运动。

4. 完成一个训练套路后，执行轻微到中等强度的拉伸作为舒缓运动。

5. 如果肌肉在训练后酸痛，仅执行两三次轻微拉伸，每次坚持 5 到 10 秒，并在每次拉伸之间休息 5 到 10 秒。

6. 如果肌肉酸痛持续多天，可继续执行轻微拉伸两三次，每次拉伸坚持 5 到 10 秒。

7. 大部分拉伸都应是静态的。

静态拉伸

每个星期在执行任何其他训练活动（例如慢跑或举重）后，执行几次静态拉伸，能获得最大的好处。根据你的初始柔韧性水平，请按照此处以及表 9.1 到表 9.4 中详细介绍的准则和拉伸来执行。

初级

1. 坚持拉伸体位 5 到 10 秒。

2. 每次拉伸之间休息 5 到 10 秒。

3. 重复每次拉伸 2 或 3 次。

4. 使用 1 到 3 范围内的强度级别拉伸，感觉轻微疼痛。

5. 每次练习拉伸总计 15 到 20 分钟。

6. 每星期拉伸 2 或 3 次。

7. 坚持此计划至少 4 个星期，才进入下一个级别。

表 9.1　初级静态拉伸套路

区域	拉伸	页码
颈部	颈伸肌拉伸 颈屈肌拉伸	4 8
肩、背和胸	初级肩屈肌拉伸 坐姿肩屈肌、降肌和缩肌拉伸 中级肩伸肌、内收肌和缩肌拉伸	18 26 30
手臂、手腕和手掌	肘屈肌拉伸 肱三头肌拉伸 借助哑铃的前臂旋前肌拉伸 初级腕伸肌拉伸 初级腕屈肌拉伸	44 43 50 54 58
躯干下部	仰卧躯干下部屈肌拉伸 坐姿躯干下部伸肌拉伸 初级躯干下部侧屈肌拉伸	76 82 86
髋部	初级坐姿髋外旋肌拉伸 髋和背伸肌拉伸 坐姿髋内收肌和伸肌拉伸	96 95 110
膝和大腿	初级坐姿膝屈肌拉伸 初级坐姿膝伸肌拉伸	116 126
足部和小腿	初级坐姿趾伸肌拉伸 初级坐姿趾屈肌拉伸 初级跖屈肌拉伸	140 144 148

中级

1. 坚持拉伸体位 15 到 20 秒。

2. 每次拉伸之间休息 15 到 20 秒。

3. 重复每次拉伸 3 或 4 次。

4. 每星期使用 4 到 6 范围内的强度级别拉伸 2 或 3 次，感觉中度疼痛。

5. 每星期使用 1 到 3 范围内的强度级别拉伸 2 或 3 次。

6. 每次练习拉伸总计 30 到 40 分钟。

7. 每星期拉伸 4 或 5 次。

8. 坚持此计划至少 4 个星期，才进入下一个级别。

表 9.2　中级静态拉伸套路

区域	拉伸	页码
颈部	颈伸肌拉伸 颈屈肌拉伸	4 8
肩、背和胸	中级肩屈肌拉伸 坐姿肩屈肌、降肌和缩肌拉伸 中级肩伸肌、内收肌和缩肌拉伸 肩内收肌、伸肌和提肌拉伸	20 26 30 32
手臂、手腕和手掌	肘屈肌拉伸 肱三头肌拉伸 借助哑铃的前臂旋前肌拉伸 中级腕伸肌拉伸 中级腕屈肌拉伸	44 43 50 56 60
躯干下部	仰卧躯干下部屈肌拉伸 中级躯干下部侧屈肌拉伸	76 88
髋部	中级坐姿髋外旋肌和伸肌拉伸 髋和背伸肌拉伸 坐姿髋内收肌和伸肌拉伸	98 95 110
膝和大腿	中级站姿膝屈肌拉伸 中级卧姿膝伸肌拉伸	118 128
足部和小腿	初级坐姿趾伸肌拉伸 初级坐姿趾屈肌拉伸 初级跖屈肌拉伸	140 144 148

高级

1. 坚持拉伸体位 25 到 30 秒。

2. 每次拉伸之间休息 25 到 30 秒。

3. 重复每次拉伸 5 次。

4. 每星期使用 7 到 10 范围内的强度级别拉伸 2 或 3 次，感觉重度疼痛。

5. 每星期使用 1 到 6 范围内的强度级别拉伸 2 或 3 次。

6. 每次练习拉伸总计 50 到 60 分钟。

7. 每星期拉伸 4 或 5 次。

8. 只要你愿意，坚持这一级别的计划任意长时间。

表 9.3　高级静态拉伸套路

区域	拉伸	页码
颈部	颈伸肌拉伸 颈屈肌拉伸	4 8
肩、背和胸	高级肩屈肌拉伸 坐姿肩屈肌、降肌和缩肌拉伸 中级肩伸肌、内收肌和缩肌拉伸 肩内收肌、伸肌和提肌拉伸	22 26 30 32
手臂、手腕和手掌	肘和腕屈肌拉伸 肱三头肌拉伸 中级腕伸肌拉伸	46 43 56
躯干下部	俯卧躯干下部屈肌拉伸 高级站姿躯干下部侧屈肌拉伸	78 90
髋部	高级站姿髋外旋肌拉伸 髋和背伸肌拉伸 高级坐姿髋内收肌拉伸	100 95 108
膝和大腿	高级坐姿膝屈肌拉伸 高级跪姿膝伸肌拉伸	120 130
足部和小腿	高级站姿趾伸肌拉伸 高级站姿趾屈肌拉伸 高级跖屈肌拉伸 跖屈肌和足外翻肌拉伸	142 146 150 152

专家级

1. 坚持拉伸体位 30 到 40 秒。

2. 每次拉伸之间休息 30 到 40 秒。

3. 重复每次拉伸 5 次。

4. 每星期使用 7 到 10 范围内的强度级别拉伸 2 或 3 次，感觉重度疼痛。

5. 每次练习拉伸总计 50 到 60 分钟。

7. 每星期拉伸 4 或 5 次。

8. 只要你愿意，坚持这一级别的计划任意长时间。

表 9.4　专家级静态拉伸套路

区域	拉伸	页码
颈部	颈伸肌拉伸 颈屈肌拉伸	4 8
肩、背和胸	辅助肩和肘屈肌拉伸 辅助肩外展肌拉伸	24 36
手臂、手腕和手掌	肘和腕屈肌拉伸 肱三头肌拉伸 借助哑铃的前臂旋前肌拉伸 中级腕伸肌拉伸	46 43 50 56
躯干下部	俯卧躯干下部屈肌拉伸 高级站姿躯干下部侧屈肌拉伸	78 90
髋部	高级站姿髋外旋肌拉伸 高级坐姿髋内收肌拉伸	100 108
膝和大腿	专家级抬腿膝屈肌拉伸 借助支撑的高级站姿膝伸肌拉伸	122 132
足部和小腿	高级站姿趾伸肌拉伸 高级跖屈肌拉伸 跖屈肌和足外翻肌拉伸	142 150 152

动态拉伸（运动前）

理想情况下，动态拉伸在参加运动前的热身计划中执行。根据你的初始柔韧性水平，推荐你按照这里详细介绍的建议准则来执行第 8 章中介绍的所有拉伸。

初级

1. 每次拉伸使用摆动动作来执行动态拉伸 5 到 10 秒。

2. 每次拉伸之间休息 5 到 10 秒。

3. 每次拉伸重复 2 次。

4. 使用 1 到 3 范围内的强度级别拉伸，具有轻微的疼痛感。

5. 每次练习的动态拉伸总计 5 到 10 分钟。

6. 在参加运动赛事之前执行这些动态拉伸作为热身步骤。

7. 坚持此计划至少 4 个星期，再进入下一个级别。

中级

1. 每次拉伸使用摆动动作来执行动态拉伸 10 到 15 秒。

2. 每次拉伸之间休息 10 到 15 秒。

3. 每次拉伸重复 3 次。

4. 使用 1 到 3 范围内的强度级别拉伸，具有轻微的疼痛感。

5. 每次练习的动态拉伸总计 10 到 15 分钟。

6. 在参加运动赛事之前执行这些动态拉伸作为热身步骤。

7. 坚持此计划至少 4 个星期，再进入下一个级别。

高级

1. 每次拉伸使用摆动动作来执行动态拉伸 15 到 20 秒。

2. 每次拉伸之间休息 15 到 20 秒。

3. 每次拉伸重复 3 次。

4. 使用 4 到 7 范围内的强度级别拉伸，具有轻微的疼痛感。

5. 每次练习的动态拉伸总计 15 到 20 分钟。

6. 在参加运动赛事之前执行这些动态拉伸作为热身步骤。

7. 只要你愿意，坚持此计划级别任意长时间。

降低血糖的拉伸计划

2011 年，尼尔森（Nelson）、科科宁（Kokkonen）和阿诺尔（Arnall）在 *Journal of Physiotherapy* 上发表了一篇研究论文，表明执行被动的静态拉伸计划 20 分钟后可将血糖平均降低 18%，拉伸 40 分钟后可降低 26%。这些研究人员推断，静态拉伸是一种对调节血糖具有巨大帮助且容易执行的额外运动。而且，因为拉伸很容易执行，所以这似乎对体能下降的人是一种非常有益的疗法。它也可在没有任何其他设备、设施或费用的情况下完成，应该很容易融入到任何糖尿病患者的所有治疗形式中。此外，因为该研究中的所有拉伸都是在助手的帮助下被动完成的，所以如果患者自己主动拉伸，降低血糖的效果应该更明显。

通过拉伸来降低血糖，依赖于两种主要的生理学原理。首先，要促进葡萄糖从血液中转运到肌肉中，肌肉应保持在拉伸位置至少 30 秒。其次，坚持拉伸超过 30 秒会增加流经肌肉的血液，而且改善的血流对减少血糖很重要。因此，这里和表 9.5 中详细介绍的拉伸计划旨在首先加强血糖从血液向肌肉的转运，然后定期增加流经每个大型肌群的血流。

基本准则

1. 每次拉伸坚持拉伸体位 30 到 40 秒。
2. 每次拉伸之间休息 15 秒。
3. 重复每次拉伸 4 次。
4. 使用 1 到 3 范围内的强度级别拉伸，感觉重度疼痛。
5. 在一侧执行所有 4 种拉伸后，在另一侧执行同样的拉伸。
6. 按表 9.5 中列出的顺序执行拉伸。

表 9.5　降低血糖的拉伸（按顺序执行）

区域	拉伸	页码
膝和大腿	初级坐姿膝屈肌拉伸	116
髋部	坐姿髋内收肌和伸肌拉伸	110
肩、背和胸	高级肩屈肌拉伸	22
膝和大腿	中级侧卧膝伸肌拉伸	128
髋部	中级坐姿髋外旋肌和伸肌拉伸	98
肩、背和胸	中级肩伸肌、内收肌和缩肌拉伸	30
膝和大腿	高级坐姿膝屈肌拉伸	120
足部和小腿	初级跖屈肌拉伸	148
肩、背和胸	肩内收肌和伸肌拉伸	34

针对不同运动项目的拉伸

本节讨论适合打算针对 23 种特定运动而发展或保持柔韧性的人的推荐静态拉伸。中等的柔韧性水平是执行这些拉伸的最低要求。除了执行所列出的拉伸，还要遵守"静态和动态拉伸计划"一节中介绍的一般建议以及执行针对你的具体柔韧性水平所列出的拉伸。

因为动态拉伸更适合作为运动前的拉伸，所以表 9.6 到表 9.28 包含第 8 章中详细介绍的最适合每种运动的动态拉伸。

表 9.6　适合棒球野手的拉伸

运动前拉伸		
区域	拉伸	页码
肩、背和胸	动态肩部屈伸拉伸 动态肩胛带外展和内收拉伸	174 176
躯干下部	动态躯干侧屈拉伸 动态躯干回旋肌拉伸	170 172
髋部	动态髋外旋肌和内旋肌拉伸 动态髋内收肌和外展肌拉伸 动态髋屈肌和伸肌拉伸	160 162 164
膝和大腿	动态站姿膝屈肌拉伸	166
足部和小腿	动态跖屈肌拉伸	168
拉伸训练		
区域	拉伸	页码
肩、背和胸	中级肩屈肌拉伸 中级肩伸肌、内收肌和缩肌拉伸 肩内收肌、伸肌和提肌拉伸 肩内收肌和伸肌拉伸	20 30 32 34
手臂、手腕和手掌	肱三头肌拉伸 中级腕伸肌拉伸 中级腕屈肌拉伸	43 56 60
躯干下部	站姿躯干下部屈肌拉伸 中级躯干下部侧屈肌拉伸	80 88
髋部	髋外旋肌和背伸肌拉伸 髋和背伸肌拉伸 高级坐姿髋内收肌拉伸	104 95 108
膝和大腿	高级坐姿膝屈肌拉伸 高级跪姿膝伸肌拉伸	120 130
足部和小腿	跖屈肌和足外翻肌拉伸	152

表 9.7　适合棒球投手的拉伸

运动前拉伸		
区域	拉伸	页码
肩、背和胸	动态肩部屈伸拉伸 动态肩胛带外展和内收拉伸	174 176
躯干下部	动态躯干侧屈拉伸 动态躯干回旋肌拉伸	170 172
髋部	动态髋外旋肌和内旋肌拉伸 动态髋内收肌和外展肌拉伸 动态髋屈肌和伸肌拉伸	160 162 164
膝和大腿	动态站姿膝屈肌拉伸	166
足部和小腿	动态跖屈肌拉伸	168
拉伸训练		
区域	拉伸	页码
肩、背和胸	中级肩屈肌拉伸 肩内收肌、伸肌和提肌拉伸 肩内收肌和伸肌拉伸	20 32 34
手臂、手腕和手掌	肘和腕屈肌拉伸 肱三头肌拉伸 中级腕伸肌拉伸 中级腕屈肌拉伸	46 43 56 60
躯干下部	站姿躯干下部屈肌拉伸 中级躯干下部侧屈肌拉伸	80 88
髋部	髋外旋肌和背伸肌拉伸 髋和背伸肌拉伸 高级坐姿髋内收肌拉伸	104 95 108
膝和大腿	高级坐姿膝屈肌拉伸 高级跪姿膝伸肌拉伸	120 130
足部和小腿	高级跖屈肌拉伸	150

表 9.8　适合篮球的拉伸

运动前拉伸		
区域	**拉伸**	**页码**
肩、背和胸	动态肩部屈伸拉伸 动态肩胛带外展和内收拉伸	174 176
躯干下部	动态躯干侧屈拉伸 动态躯干回旋肌拉伸	170 172
髋部	动态髋外旋肌和内旋肌拉伸 动态髋内收肌和外展肌拉伸 动态髋屈肌和伸肌拉伸	160 162 164
膝和大腿	动态站姿膝屈肌拉伸	166
足部和小腿	动态跖屈肌拉伸	168
拉伸训练		
区域	**拉伸**	**页码**
肩、背和胸	高级肩屈肌拉伸 肩内收肌、伸肌和提肌拉伸 肩内收肌和伸肌拉伸	22 32 34
手臂、手腕和手掌	肘和腕屈肌拉伸 肱三头肌拉伸	46 43
躯干下部	站姿躯干下部屈肌拉伸 坐姿躯干下部伸肌拉伸 中级躯干下部侧屈肌拉伸	80 82 88
髋部	髋外旋肌和背伸肌拉伸 髋和背伸肌拉伸 高级坐姿髋内收肌拉伸	104 95 108
膝和大腿	高级坐姿膝屈肌拉伸 高级跪姿膝伸肌拉伸	120 130
足部和小腿	高级站姿趾屈肌拉伸 跖屈肌和足外翻肌拉伸	146 152

表 9.9　适合保龄球的拉伸

运动前拉伸		
区域	**拉伸**	**页码**
肩、背和胸	动态肩部屈伸拉伸 动态肩胛带外展和内收拉伸	174 176
躯干下部	动态躯干侧屈拉伸 动态躯干回旋肌拉伸	170 172
髋部	动态髋外旋肌和内旋肌拉伸 动态髋内收肌和外展肌拉伸 动态髋屈肌和伸肌拉伸	160 162 164
膝和大腿	动态站姿膝屈肌拉伸	166
足部和小腿	动态跖屈肌拉伸	168
拉伸训练		
区域	**拉伸**	**页码**
肩、背和胸	高级肩屈肌拉伸 中级肩伸肌、内收肌和缩肌拉伸 肩内收肌和伸肌拉伸	22 30 34
手臂、手腕和手掌	中级腕伸肌拉伸 中级腕屈肌拉伸 借助哑铃的桡侧腕偏向肌拉伸 借助哑铃的尺侧腕偏向肌拉伸	56 60 62 64
躯干下部	站姿躯干下部屈肌拉伸 中级躯干下部侧屈肌拉伸	80 88
髋部	高级站姿髋外旋肌拉伸 髋和背伸肌拉伸 高级坐姿髋内收肌拉伸	100 95 108
膝和大腿	高级坐姿膝屈肌拉伸 高级跪姿膝伸肌拉伸	120 130
足部和小腿	高级跖屈肌拉伸	150

表 9.10　适合自行车运动的拉伸

运动前拉伸		
区域	拉伸	页码
肩、背和胸	动态肩部屈伸拉伸 动态肩胛带外展和内收拉伸	174 176
躯干下部	动态躯干侧屈拉伸 动态躯干回旋肌拉伸	170 172
髋部	动态髋外旋肌和内旋肌拉伸 动态髋内收肌和外展肌拉伸 动态髋屈肌和伸肌拉伸	160 162 164
膝和大腿	动态站姿膝屈肌拉伸	166
足部和小腿	动态跖屈肌拉伸	168
拉伸训练		
区域	拉伸	页码
颈部	颈伸肌拉伸 颈屈肌拉伸	4 8
肩、背和胸	中级肩伸肌、内收肌和缩肌拉伸 肩内收肌、伸肌和提肌拉伸	30 32
躯干下部	站姿躯干下部屈肌拉伸 坐姿躯干下部伸肌拉伸 中级躯干下部侧屈肌拉伸	80 82 88
髋部	高级站姿髋外旋肌拉伸 髋外旋肌和背伸肌拉伸 髋和背伸肌拉伸 高级坐姿髋内收肌拉伸	100 104 95 108
膝和大腿	高级坐姿膝屈肌拉伸 高级跪姿膝伸肌拉伸	120 130
足部和小腿	高级站姿趾伸肌拉伸 高级跖屈肌拉伸	142 150

表 9.11　适合舞蹈的拉伸

运动前拉伸		
区域	拉伸	页码
肩、背和胸	动态肩部屈伸拉伸 动态肩胛带外展和内收拉伸	174 176
躯干下部	动态躯干侧屈拉伸 动态躯干回旋肌拉伸	170 172
髋部	动态髋外旋肌和内旋肌拉伸 动态髋内收肌和外展肌拉伸 动态髋屈肌和伸肌拉伸	160 162 164
膝和大腿	动态站姿膝屈肌拉伸	166
足部和小腿	动态跖屈肌拉伸	168
拉伸训练		
区域	拉伸	页码
颈部	颈伸肌拉伸 颈屈肌拉伸	4 8
肩、背和胸	高级肩屈肌拉伸 肩内收肌和伸肌拉伸	22 34
手臂、手腕和手掌	肱三头肌拉伸	43
躯干下部	站姿躯干下部屈肌拉伸 中级躯干下部侧屈肌拉伸	80 88
髋部	高级站姿髋外旋肌拉伸 髋和背伸肌拉伸 高级坐姿髋内收肌拉伸	100 95 108
膝和大腿	中级站姿膝屈肌拉伸 高级跪姿膝伸肌拉伸	118 130
足部和小腿	高级站姿趾伸肌拉伸 高级站姿趾屈肌拉伸 高级跖屈肌拉伸	142 146 150

表 9.12　适合跳水的拉伸

运动前拉伸		
区域	**拉伸**	**页码**
肩、背和胸	动态肩部屈伸拉伸 动态肩胛带外展和内收拉伸	174 176
躯干下部	动态躯干侧屈拉伸 动态躯干回旋肌拉伸	170 172
髋部	动态髋外旋肌和内旋肌拉伸 动态髋内收肌和外展肌拉伸 动态髋屈肌和伸肌拉伸	160 162 164
膝和大腿	动态站姿膝屈肌拉伸	166
足部和小腿	动态跖屈肌拉伸	168
拉伸训练		
区域	**拉伸**	**页码**
肩、背和胸	高级肩屈肌拉伸 肩内收肌和伸肌拉伸 辅助肩外展肌拉伸	22 34 36
手臂、手腕和手掌	肱三头肌拉伸	43
躯干下部	站姿躯干下部屈肌拉伸 坐姿躯干下部伸肌拉伸 中级躯干下部侧屈肌拉伸	80 82 88
髋部	高级站姿髋外旋肌拉伸 髋和背伸肌拉伸 高级坐姿髋内收肌拉伸	100 95 108
膝和大腿	高级坐姿膝屈肌拉伸 高级跪姿膝伸肌拉伸	120 130
足部和小腿	高级站姿趾伸肌拉伸 高级站姿趾屈肌拉伸 高级跖屈肌拉伸	142 146 150

表 9.13 适合橄榄球的拉伸

运动前拉伸		
区域	拉伸	页码
肩、背和胸	动态肩部屈伸拉伸 动态肩胛带外展和内收拉伸	174 176
躯干下部	动态躯干侧屈拉伸 动态躯干回旋肌拉伸	170 172
髋部	动态髋外旋肌和内旋肌拉伸 动态髋内收肌和外展肌拉伸 动态髋屈肌和伸肌拉伸	160 162 164
膝和大腿	动态站姿膝屈肌拉伸	166
足部和小腿	动态跖屈肌拉伸	168
拉伸训练		
区域	拉伸	页码
颈部	颈伸肌拉伸 颈屈肌拉伸	4 8
肩、背和胸	高级肩屈肌拉伸 肩内收肌和伸肌拉伸	22 34
手臂、手腕和手掌	中级腕伸肌拉伸 中级腕屈肌拉伸	56 60
躯干下部	站姿躯干下部屈肌拉伸 中级躯干下部侧屈肌拉伸	80 88
髋部	高级站姿髋外旋肌拉伸 髋和背伸肌拉伸 高级坐姿髋内收肌拉伸	100 95 108
膝和大腿	高级坐姿膝屈肌拉伸 高级跪姿膝伸肌拉伸	120 130
足部和小腿	高级站姿趾屈肌拉伸 跖屈肌和足内转肌拉伸	146 154

表 9.14　适合高尔夫球的拉伸

运动前拉伸		
区域	拉伸	页码
肩、背和胸	动态肩部屈伸拉伸 动态肩胛带外展和内收拉伸	174 176
躯干下部	动态躯干侧屈拉伸 动态躯干回旋肌拉伸	170 172
髋部	动态髋外旋肌和内旋肌拉伸 动态髋内收肌和外展肌拉伸 动态髋屈肌和伸肌拉伸	160 162 164
膝和大腿	动态站姿膝屈肌拉伸	166
足部和小腿	动态跖屈肌拉伸	168
拉伸训练		
区域	拉伸	页码
肩、背和胸	高级肩屈肌拉伸 中级肩伸肌、内收肌和缩肌拉伸 肩内收肌、伸肌和提肌拉伸 肩内收肌和伸肌拉伸 辅助肩外展肌拉伸	22 30 32 34 36
手臂、手腕和手掌	中级腕伸肌拉伸 中级腕屈肌拉伸	56 60
躯干下部	站姿躯干下部屈肌拉伸 中级躯干下部侧屈肌拉伸	80 88
髋部	髋外旋肌和背伸肌拉伸 高级坐姿髋内收肌拉伸	104 108
膝和大腿	高级坐姿膝屈肌拉伸 高级跪姿膝伸肌拉伸	120 130
足部和小腿	高级站姿趾屈肌拉伸 高级跖屈肌拉伸	146 150

表 9.15 适合体操的拉伸

运动前拉伸		
区域	拉伸	页码
肩、背和胸	动态肩部屈伸拉伸 动态肩胛带外展和内收拉伸	174 176
躯干下部	动态躯干侧屈拉伸 动态躯干回旋肌拉伸	170 172
髋部	动态髋外旋肌和内旋肌拉伸 动态髋内收肌和外展肌拉伸 动态髋屈肌和伸肌拉伸	160 162 164
膝和大腿	动态站姿膝屈肌拉伸	166
足部和小腿	动态跖屈肌拉伸	168
拉伸训练		
区域	拉伸	页码
颈部	颈伸肌拉伸	4
肩、背和胸	高级肩屈肌拉伸 中级肩伸肌、内收肌和缩肌拉伸 肩内收肌、伸肌和提肌拉伸 肩内收肌和伸肌拉伸	22 30 32 34
手臂、手腕和手掌	肘屈肌拉伸 肱三头肌拉伸	44 43
躯干下部	站姿躯干下部屈肌拉伸 中级躯干下部侧屈肌拉伸	80 88
髋部	髋和背伸肌拉伸 高级坐姿髋内收肌拉伸	95 108
膝和大腿	高级坐姿膝屈肌拉伸 高级跪姿膝伸肌拉伸	120 130
足部和小腿	高级站姿趾屈肌拉伸 高级跖屈肌拉伸	146 150

表 9.16　适合手球和壁球的拉伸

运动前拉伸		
区域	**拉伸**	**页码**
肩、背和胸	动态肩部屈伸拉伸 动态肩胛带外展和内收拉伸	174 176
躯干下部	动态躯干侧屈拉伸 动态躯干回旋肌拉伸	170 172
髋部	动态髋外旋肌和内旋肌拉伸 动态髋内收肌和外展肌拉伸 动态髋屈肌和伸肌拉伸	160 162 164
膝和大腿	动态站姿膝屈肌拉伸	166
足部和小腿	动态跖屈肌拉伸	168
拉伸训练		
区域	**拉伸**	**页码**
肩、背和胸	高级肩屈肌拉伸 中级肩伸肌、内收肌和缩肌拉伸 肩内收肌、伸肌和提肌拉伸	22 30 32
手臂、手腕和手掌	肘屈肌拉伸 肱三头肌拉伸	44 43
躯干下部	站姿躯干下部屈肌拉伸 中级躯干下部侧屈肌拉伸	80 88
髋部	髋外旋肌和背伸肌拉伸 髋和背伸肌拉伸 高级坐姿髋内收肌拉伸	104 95 108
膝和大腿	高级坐姿膝屈肌拉伸 高级跪姿膝伸肌拉伸	120 130
足部和小腿	高级站姿趾伸肌拉伸 高级站姿趾屈肌拉伸 高级跖屈肌拉伸	142 146 150

表 9.17　适合冰球和曲棍球的拉伸

运动前拉伸		
区域	拉伸	页码
肩、背和胸	动态肩部屈伸拉伸 动态肩胛带外展和内收拉伸	174 176
躯干下部	动态躯干侧屈拉伸 动态躯干回旋肌拉伸	170 172
髋部	动态髋外旋肌和内旋肌拉伸 动态髋内收肌和外展肌拉伸 动态髋屈肌和伸肌拉伸	160 162 164
膝和大腿	动态站姿膝屈肌拉伸	166
足部和小腿	动态跖屈肌拉伸	168
拉伸训练		
区域	拉伸	页码
肩、背和胸	高级肩屈肌拉伸 中级肩伸肌、内收肌和缩肌拉伸 肩内收肌、伸肌和提肌拉伸 辅助肩外展肌拉伸	22 30 32 36
手臂、手腕和手掌	肘屈肌拉伸 肱三头肌拉伸	44 43
躯干下部	站姿躯干下部屈肌拉伸 中级躯干下部侧屈肌拉伸	80 88
髋部	髋外旋肌和背伸肌拉伸 髋和背伸肌拉伸 高级坐姿髋内收肌拉伸	104 95 108
膝和大腿	高级坐姿膝屈肌拉伸 高级跪姿膝伸肌拉伸	120 130
足部和小腿	高级站姿趾伸肌拉伸 高级跖屈肌拉伸	142 150

表 9.18　适合武术的拉伸

运动前拉伸		
区域	**拉伸**	**页码**
肩、背和胸	动态肩部屈伸拉伸 动态肩胛带外展和内收拉伸	174 176
躯干下部	动态躯干侧屈拉伸 动态躯干回旋肌拉伸	170 172
髋部	动态髋外旋肌和内旋肌拉伸 动态髋内收肌和外展肌拉伸 动态髋屈肌和伸肌拉伸	160 162 164
膝和大腿	动态站姿膝屈肌拉伸	166
足部和小腿	动态跖屈肌拉伸	168
拉伸训练		
区域	**拉伸**	**页码**
肩、背和胸	高级肩屈肌拉伸 中级肩伸肌、内收肌和缩肌拉伸 肩内收肌、伸肌和提肌拉伸 辅助肩外展肌拉伸	22 30 32 36
手臂、手腕和手掌	中级腕伸肌拉伸 中级腕屈肌拉伸	56 60
躯干下部	站姿躯干下部屈肌拉伸 中级躯干下部侧屈肌拉伸	80 88
髋部	高级站姿髋外旋肌拉伸 仰卧髋外旋肌和伸肌拉伸 髋外旋肌和背屈肌拉伸 高级坐姿髋内收肌拉伸 坐姿髋内收肌和伸肌拉伸	100 102 104 108 110
膝和大腿	高级坐姿膝屈肌拉伸 高级跪姿膝伸肌拉伸	120 130
足部和小腿	高级跖屈肌拉伸	150

表 9.19　适合赛跑的拉伸

运动前拉伸		
区域	拉伸	页码
肩、背和胸	动态肩部屈伸拉伸 动态肩胛带外展和内收拉伸	174 176
躯干下部	动态躯干侧屈拉伸 动态躯干回旋肌拉伸	170 172
髋部	动态髋外旋肌和内旋肌拉伸 动态髋内收肌和外展肌拉伸 动态髋屈肌和伸肌拉伸	160 162 164
膝和大腿	动态站姿膝屈肌拉伸	166
足部和小腿	动态跖屈肌拉伸	168
拉伸训练		
区域	拉伸	页码
肩、背和胸	高级肩屈肌拉伸 中级肩伸肌、内收肌和缩肌拉伸	22 30
躯干下部	站姿躯干下部屈肌拉伸 中级躯干下部侧屈肌拉伸	80 88
髋部	高级站姿髋外旋肌拉伸 仰卧髋外旋肌和伸肌拉伸 髋外旋肌和背伸肌拉伸 髋和背伸肌拉伸 高级坐姿髋内收肌拉伸	100 102 104 95 108
膝和大腿	高级坐姿膝屈肌拉伸 高级跪姿膝伸肌拉伸	120 130
足部和小腿	高级站姿趾伸肌拉伸 高级跖屈肌拉伸 跖屈肌和足外翻肌拉伸 跖屈肌和足内转肌拉伸	142 150 152 154

表 9.20　适合滑雪的拉伸

运动前拉伸		
区域	拉伸	页码
肩、背和胸	动态肩部屈伸拉伸 动态肩胛带外展和内收拉伸	174 176
躯干下部	动态躯干侧屈拉伸 动态躯干回旋肌拉伸	170 172
髋部	动态髋外旋肌和内旋肌拉伸 动态髋内收肌和外展肌拉伸 动态髋屈肌和伸肌拉伸	160 162 164
膝和大腿	动态站姿膝屈肌拉伸	166
足部和小腿	动态跖屈肌拉伸	168
拉伸训练		
区域	拉伸	页码
颈部	颈伸肌拉伸	4
肩、背和胸	高级肩屈肌拉伸 坐姿肩屈肌、降肌和缩肌拉伸 肩内收肌和伸肌拉伸	22 26 34
手臂、手腕和手掌	中级腕伸肌拉伸 中级腕屈肌拉伸	56 60
躯干下部	站姿躯干下部屈肌拉伸 中级躯干下部侧屈肌拉伸	80 88
髋部	高级站姿髋外旋肌拉伸 髋外旋肌和背伸肌拉伸 高级坐姿髋内收肌拉伸	100 104 108
膝和大腿	高级坐姿膝屈肌拉伸 高级跪姿膝伸肌拉伸	120 130
足部和小腿	高级跖屈肌拉伸 跖屈肌和足内转肌拉伸	150 154

表 9.21 适合足球的拉伸

运动前拉伸		
区域	**拉伸**	**页码**
肩、背和胸	动态肩部屈伸拉伸 动态肩胛带外展和内收拉伸	174 176
躯干下部	动态躯干侧屈拉伸 动态躯干回旋肌拉伸	170 172
髋部	动态髋外旋肌和内旋肌拉伸 动态髋内收肌和外展肌拉伸 动态髋屈肌和伸肌拉伸	160 162 164
膝和大腿	动态站姿膝屈肌拉伸	166
足部和小腿	动态跖屈肌拉伸	168
拉伸训练		
区域	**拉伸**	**页码**
肩、背和胸	高级肩屈肌拉伸 坐姿肩屈肌、降肌和缩肌拉伸 肩内收肌和伸肌拉伸	22 26 34
躯干下部	站姿躯干下部屈肌拉伸 中级躯干下部侧屈肌拉伸	80 88
髋部	高级站姿髋外旋肌拉伸 髋外旋肌和背伸肌拉伸 高级坐姿髋内收肌拉伸 坐姿髋内收肌和伸肌拉伸	100 104 108 110
膝和大腿	高级坐姿膝屈肌拉伸 高级跪姿膝伸肌拉伸	120 130
足部和小腿	高级站姿趾伸肌拉伸 高级站姿趾屈肌拉伸 跖屈肌和足外翻肌拉伸 跖屈肌和足内转肌拉伸	142 146 152 154

表 9.22　适合游泳的拉伸

运动前拉伸		
区域	拉伸	页码
肩、背和胸	动态肩部屈伸拉伸 动态肩胛带外展和内收拉伸	174 176
躯干下部	动态躯干侧屈拉伸 动态躯干回旋肌拉伸	170 172
髋部	动态髋外旋肌和内旋肌拉伸 动态髋内收肌和外展肌拉伸 动态髋屈肌和伸肌拉伸	160 162 164
膝和大腿	动态站姿膝屈肌拉伸	166
足部和小腿	动态跖屈肌拉伸	168
拉伸训练		
区域	拉伸	页码
肩、背和胸	高级肩屈肌拉伸 辅助肩和肘屈肌拉伸 坐姿肩屈肌、降肌和缩肌拉伸 中级肩伸肌、内收肌和缩肌拉伸 肩内收肌、伸肌和提肌拉伸 肩内收肌和伸肌拉伸	22 24 26 30 32 34
手臂、手腕和手掌	肱三头肌拉伸	43
躯干下部	站姿躯干下部屈肌拉伸 中级躯干下部侧屈肌拉伸	80 88
髋部	髋外旋肌和背伸肌拉伸 坐姿髋内收肌和伸肌拉伸	104 110
膝和大腿	高级坐姿膝屈肌拉伸 高级跪姿膝伸肌拉伸	120 130
足部和小腿	高级站姿趾伸肌拉伸 高级跖屈肌拉伸	142 150

表 9.23　适合网球的拉伸

运动前拉伸		
区域	拉伸	页码
肩、背和胸	动态肩部屈伸拉伸 动态肩胛带外展和内收拉伸	174 176
躯干下部	动态躯干侧屈拉伸 动态躯干回旋肌拉伸	170 172
髋部	动态髋外旋肌和内旋肌拉伸 动态髋内收肌和外展肌拉伸 动态髋屈肌和伸肌拉伸	160 162 164
膝和大腿	动态站姿膝屈肌拉伸	166
足部和小腿	动态跖屈肌拉伸	168
拉伸训练		
区域	拉伸	页码
肩、背和胸	高级肩屈肌拉伸 中级肩伸肌、内收肌和缩肌拉伸 肩内收肌、伸肌和提肌拉伸	22 30 32
手臂、手腕和手掌	肘屈肌拉伸 肱三头肌拉伸 中级腕伸肌拉伸	44 43 56
躯干下部	中级躯干下部侧屈肌拉伸	88
髋部	髋外旋肌和背伸肌拉伸 髋和背伸肌拉伸 高级坐姿髋内收肌拉伸	104 95 108
膝和大腿	高级坐姿膝屈肌拉伸 高级跪姿膝伸肌拉伸	120 130
足部和小腿	高级站姿趾伸肌拉伸 高级站姿趾屈肌拉伸 高级跖屈肌拉伸	142 146 150

表 9.24　适合田径、短跑和跨栏跑的拉伸

运动前拉伸		
区域	**拉伸**	**页码**
躯干下部	动态躯干侧屈拉伸 动态躯干回旋肌拉伸	170 172
髋部	动态髋外旋肌和内旋肌拉伸 动态髋内收肌和外展肌拉伸 动态髋屈肌和伸肌拉伸	160 162 164
膝和大腿	动态站姿膝屈肌拉伸	166
足部和小腿	动态跖屈肌拉伸	168
拉伸训练		
区域	**拉伸**	**页码**
躯干下部	站姿躯干下部屈肌拉伸 坐姿躯干下部伸肌拉伸 中级躯干下部侧屈肌拉伸	80 82 88
髋部	高级站姿髋外旋肌拉伸 髋外旋肌和背伸肌拉伸 高级坐姿髋内收肌拉伸 坐姿髋内收肌和伸肌拉伸	100 104 108 110
膝和大腿	中级站姿膝屈肌拉伸 专家级抬腿膝屈肌拉伸 高级跪姿膝伸肌拉伸 借助支撑的高级站姿膝伸肌拉伸	118 122 130 132
足部和小腿	高级站姿趾伸肌拉伸 高级站姿趾屈肌拉伸 高级跖屈肌拉伸 跖屈肌和足外翻肌拉伸	142 146 150 152

表 9.25　适合田径投掷运动的拉伸

运动前拉伸		
区域	拉伸	页码
肩、背和胸	动态肩部屈伸拉伸 动态肩胛带外展和内收拉伸	174 176
躯干下部	动态躯干侧屈拉伸 动态躯干回旋肌拉伸	170 172
髋部	动态髋外旋肌和内旋肌拉伸 动态髋内收肌和外展肌拉伸 动态髋屈肌和伸肌拉伸	160 162 164
膝和大腿	动态站姿膝屈肌拉伸	166
足部和小腿	动态跖屈肌拉伸	168
拉伸训练		
区域	拉伸	页码
肩、背和胸	高级肩屈肌拉伸 坐姿肩屈肌、降肌和缩肌拉伸 中级肩伸肌、内收肌和缩肌拉伸 肩内收肌和伸肌拉伸	22 26 30 34
手臂、手腕和手掌	肘和腕屈肌拉伸 肱三头肌拉伸	46 43
躯干下部	站姿躯干下部屈肌拉伸 中级躯干下部侧屈肌拉伸	80 88
髋部	高级站姿髋外旋肌拉伸 髋外旋肌和背伸肌拉伸 高级坐姿髋内收肌拉伸	100 104 108
膝和大腿	高级坐姿膝屈肌拉伸 高级跪姿膝伸肌拉伸	120 130
足部和小腿	高级站姿趾伸肌拉伸 高级跖屈肌拉伸	142 150

表 9.26　适合排球的拉伸

运动前拉伸		
区域	拉伸	页码
肩、背和胸	动态肩部屈伸拉伸 动态肩胛带外展和内收拉伸	174 176
躯干下部	动态躯干侧屈拉伸 动态躯干回旋肌拉伸	170 172
髋部	动态髋外旋肌和内旋肌拉伸 动态髋内收肌和外展肌拉伸 动态髋屈肌和伸肌拉伸	160 162 164
膝和大腿	动态站姿膝屈肌拉伸	166
足部和小腿	动态跖屈肌拉伸	168
拉伸训练		
区域	拉伸	页码
肩、背和胸	高级肩屈肌拉伸 中级肩伸肌、内收肌和缩肌拉伸 肩内收肌和伸肌拉伸	22 30 34
手臂、手腕和手掌	肘和腕屈肌拉伸 肱三头肌拉伸 中级腕屈肌拉伸	46 43 60
躯干下部	站姿躯干下部屈肌拉伸 中级躯干下部侧屈肌拉伸	80 88
髋部	高级站姿髋外旋肌拉伸 髋外旋肌和背伸肌拉伸 高级坐姿髋内收肌拉伸	100 104 108
膝和大腿	高级坐姿膝屈肌拉伸 高级跪姿膝伸肌拉伸	120 130
足部和小腿	高级站姿趾伸肌拉伸 高级跖屈肌拉伸	142 150

表 9.27　适合举重的拉伸

运动前拉伸		
区域	拉伸	页码
肩、背和胸	动态肩部屈伸拉伸 动态肩胛带外展和内收拉伸	174 176
躯干下部	动态躯干侧屈拉伸 动态躯干回旋肌拉伸	170 172
髋部	动态髋外旋肌和内旋肌拉伸 动态髋内收肌和外展肌拉伸 动态髋屈肌和伸肌拉伸	160 162 164
膝和大腿	动态站姿膝屈肌拉伸	166
足部和小腿	动态跖屈肌拉伸	168
拉伸训练		
区域	拉伸	页码
颈部	颈伸肌拉伸	4
肩、背和胸	高级肩屈肌拉伸 中级肩伸肌、内收肌和缩肌拉伸 肩内收肌和伸肌拉伸	22 30 34
手臂、手腕和手掌	肘和腕屈肌拉伸 肱三头肌拉伸 中级腕屈肌拉伸	46 43 60
躯干下部	站姿躯干下部屈肌拉伸 中级躯干下部侧屈肌拉伸	80 88
髋部	高级站姿髋外旋肌拉伸 髋和背伸肌拉伸 高级坐姿髋内收肌拉伸	100 95 108
膝和大腿	高级坐姿膝屈肌拉伸 高级跪姿膝伸肌拉伸	120 130
足部和小腿	高级站姿趾屈肌拉伸	146

表 9.28　适合摔跤的拉伸

运动前拉伸		
区域	拉伸	页码
肩、背和胸	动态肩部屈伸拉伸 动态肩胛带外展和内收拉伸	174 176
躯干下部	动态躯干侧屈拉伸 动态躯干回旋肌拉伸	170 172
髋部	动态髋外旋肌和内旋肌拉伸 动态髋内收肌和外展肌拉伸 动态髋屈肌和伸肌拉伸	160 162 164
膝和大腿	动态站姿膝屈肌拉伸	166
足部和小腿	动态跖屈肌拉伸	168
拉伸训练		
区域	拉伸	页码
颈部	颈伸肌拉伸 颈屈肌拉伸	4 8
肩、背和胸	高级肩屈肌拉伸 肩内收肌和伸肌拉伸	22 34
手臂、手腕和手掌	肘和腕屈肌拉伸 肱三头肌拉伸	46 43
躯干下部	站姿躯干下部屈肌拉伸 中级躯干下部侧屈肌拉伸	80 88
髋部	高级站姿髋外旋肌拉伸 髋和背伸肌拉伸 高级坐姿髋内收肌拉伸	100 95 108
膝和大腿	高级坐姿膝屈肌拉伸 高级跪姿膝伸肌拉伸	120 130
足部和小腿	高级站姿趾伸肌拉伸 高级站姿趾屈肌拉伸	142 146

拉伸索引

膝和大腿

足部和小腿

动态拉伸